HEYNE BUSINESS

Heyne · Campus

Dorothy Sarnoff

Auftreten ohne Lampenfieber

Reden, Interviews,
Fernsehauftritte, Konferenzen,
Präsentationen

Aus dem Englischen
von Katharine Cofer
und Helga Schenk

WILHELM HEYNE VERLAG
MÜNCHEN

HEYNE BUSINESS
Nr. 22/2005

Titel der amerikanischen Originalausgabe:
NEVER BE NERVOUS AGAIN
Erschienen 1987 bei Crown Publishers, New York

Ungekürzte Taschenbuchausgabe
im Wilhelm Heyne Verlag GmbH & Co. KG, München

Printed in Germany 1995
Umschlaggestaltung: Atelier Adolf Bachmann, Reischach
Herstellung: M. Spinola
Satz: Schaber Satz- und Datentechnik, Wels
Druck und Verarbeitung: Presse-Druck, Augsburg

ISBN 3-453-08171-4

Inhalt

Fast jeder wird nervös

Der kubanische Staatspräsident Fidel Castro, bekannt für seine rhetorische Begabung, hat zugegeben: »Vor jeder Rede habe ich Lampenfieber. Ich halte ungern Ansprachen.«

Ein Politiker wurde von einem Journalisten wegen seiner Nervosität während des Wahlkampfs zur Rede gestellt: »Man merkte, daß Sie nervös waren. Beim Sprechen machten Sie viele Pausen. Viel zuviele Ähs, als ob Ihnen der Arzt in den Hals schaut. Und dann diese Endlossätze und verschluckten Wörter.

Schade, denn die Rede hatte Substanz. Kraftvolle Worte, die man voll Nachdruck hätte bringen können, klangen flach. Kein Gefühl, kein Pfeffer. Ich hoffe, Sie können Ihren Redestil auf das gleiche Niveau bringen wie die Substanz Ihrer Rede. Mit beidem könnten Sie die Wahl vielleicht sogar gewinnen.«

Anzeichen von Nervosität wirken sich auf die Karriere der meisten Politiker katastrophal aus. Man denke nur an den Schweiß auf der Oberlippe von Richard Nixon während der Fernsehübertragung der Nixon-Kennedy-Debatte beim Präsidentschaftswahlkampf 1960.

Der englische Schauspieler und Regisseur Sir Laurence Olivier entwickelte im Alter von 60 Jahren Lampenfieber. Jeden Abend bekam er einen völlig trockenen Mund, und er litt unter allen Symptomen von Panik. Er verbot allen Schauspielern, die mit ihm auf der Bühne standen, ihm direkt in die Augen zu sehen. Sechs Jahre lang wurde er von Nervosität geplagt.

Die Komikerin Lily Tomlin, an Auftritte in Film und Fernsehen und abendliche Broadwayshows gewöhnt, war vor ihrem Auftritt bei der Live-Fernsehübertragung der alljährlich im Rockefeller-Plaza-Center stattfindenden Weihnachtsfeier so nervös, daß sie die Aufnahmen für die Show über eine halbe Stunde aufhielt und am Ende um Haaresbreite fast gar nicht aufgetreten wäre.

Der einträglichste Fall von Nervosität, mit dem ich bisher zu tun hatte, waren zwei Mitarbeiter der Werbefirma Ogilvy & Mather. Der Geschäftsführer der Firma ließ eines Tages zwei seiner Stellvertreter zu sich ins Büro rufen, um ihnen anzukündigen, sie hätten bei der Jahreshauptversammlung einen Vortrag zu halten. Er fügte hinzu: »Ich weiß, daß Sie beide so nervös werden, daß Sie schon jeden, der Ihnen nur zuschaut, nervös machen. Ich wünschte, ich hätte jemand anderen, der die Vorträge halten könnte, aber das ist nun mal nicht so. Deshalb müssen Sie beide es tun.« Einer der beiden nahm immer Valium mit Alkohol vor seinen Vorträgen. Das machte diese nicht besser – er dachte es nur.

Ungefähr zur selben Zeit erschien in der Zeitschrift *Esquire* ein Artikel über meine bewährte Methode, wie man seine Nervosität sicher in den Griff bekommt. Die beiden Manager von Ogilvy & Mather lasen ihn und riefen mich sofort wegen eines Termins an. Wir arbeiteten insgesamt sechs Stunden miteinander. Danach war ich immer noch nicht ganz zufrieden. Ich sagte: »Kommen Sie noch einmal zu mir, und ich gebe Ihnen noch eine kostenlose Übungsstunde.« Nach dieser Stunde war ich dann davon überzeugt, daß sie mit ihrer Nervosität fertig werden würden.

Sie sprachen bei der Jahreshauptversammlung, und der Geschäftsführer war begeistert: »Ihr wart ganz toll! Was zum Teufel ist mit euch beiden passiert?«

Sie antworteten: »Wir waren bei Dorothy Sarnoff.« Er erwiderte darauf: »Geht zu ihr und fragt, ob wir miteinander ins Geschäft kommen können. Ich glaube, wir sind füreinander bestimmt.« Und so kam es, daß – dank der Nervosität – die Firma ›Speech Dynamics‹ eine Tochtergesellschaft von Ogilvy & Mather wurde.

Vier Aspekte der positiven Ausstrahlung eines überzeugenden Redners

Welche positive Ausstrahlung zeichnet einen überzeugenden Redner aus?

Der englische Dichter John Milton sagte einmal: »Ein guter Lehrer ist derjenige, dessen Geist an die Seele des Schülers rührt.« Für mich ist derjenige ein guter Redner, dessen Geist an die Seele des Zuhörers rührt. Um die Seele Ihrer Zuhörer erreichen zu können, müssen Sie eine bestimmte Ausstrahlung vermitteln können.

Ausstrahlung Nr. 1: Freude und Gelöstheit

Wenn eine Sängerin einen hohen Ton singen will und zu Beginn der Gesangsphrase nicht völlig davon überzeugt ist, daß sie es auch schaffen wird, können Sie ihre Angst spüren, und Sie fühlen sich unbehaglich. Ist ein Redner nicht entspannt, so fühlen Sie sich beim Zuhören auch nicht entspannt. Ist der Redner hingegen gelöst und scheint es ihm Spaß zu machen, Ihnen etwas zu erzählen, so fühlen auch Sie sich wohl. Er hat sowohl sich selbst als auch Sie unter Kontrolle. Deshalb hören Sie zu.

Ausstrahlung Nr. 2: Aufrichtigkeit, Glaubwürdigkeit, Anteilnahme

Politiker müssen aufrichtig wirken, wenn sie das Vertrauen der Wähler gewinnen wollen. Aufrichtigkeit und Glaubwürdigkeit lösen sofortiges Vertrauen aus.

Als der Geschäftsführer der Pharmafirma Johnson & Johnson, James Burke, nach dem Tylenol-Giftskandal im

Fernsehen auftrat, gelang es ihm, die Aktionäre der Firma wieder zu beruhigen und eine ganze Nation davon zu überzeugen, daß ihre Investitionen und ihre Sicherheit nicht im geringsten bedroht seien. Er demonstrierte dabei die Art von Führungsqualität, die seiner Firma während seiner neunjährigen Zeit als Generaldirektor eine Verdreifachung ihrer Gewinne einbrachte. Er wirkte absolut aufrichtig und glaubwürdig und demonstrierte zudem auch die nächstwichtigste Eigenschaft: Anteilnahme.

Auch der Literaturnobelpreisträger Elie Wiesel zeichnet sich besonders durch seine Fähigkeit aus, Aufrichtigkeit und Anteilnahme vermitteln zu können. Er spricht gleichzeitig zum Kopf und zum Herzen seiner Zuhörer und fesselt jeden mit seinen Worten.

Ausstrahlung Nr 3: Begeisterung

Schaut man sich in einem amerikanischen Kaufhaus einmal um, an welchem Kosmetikstand es am lebhaftesten zugeht, so sieht man häufig mehr Kunden am Stand der Kosmetikmarke Linique, deren Name für besonders natürliche, dermatologisch getestete Kosmetik steht, als an jedem anderen Stand. Die Verkäuferinnen an den Ständen von Revlon, Chanel oder Yves Saint Laurent mögen zwar schöner sein, trotzdem klingelt bei den Verkäuferinnen des Linique-Standes häufiger die Kasse, denn sie verkaufen mit einem ›Glauben ans Produkt‹, d. h. mit Leidenschaft.

Begeisterung, Energie, Intensität (bzw. Insistenz bei Politikern), Glaube an Ihre Idee, Ihr Produkt oder Ihre Dienstleistung, all dies sind Eigenschaften, die einen Zuhörer fesseln.

Ein Manager der Firma Ogilvy & Mather ließ bei seinen Kollegen ein Memo herumgehen:

> Begeisterung ist das größte Plus für jedes Geschäft überhaupt. Begeisterung ist mehr wert als Geld, Macht und Einfluß. Ein begeisterter Mitarbeiter allein bringt es fertig, auch dort noch zu überzeugen und zu dominieren,

wo eine Masse von (gleichgültigen) Mitarbeitern nicht einmal einen Hauch von Interesse wecken könnte.

Begeisterung ist der Feind der Untätigkeit. Wie eine große Welle reißt sie alle Hindernisse auf ihrem Weg ein und mit sich fort, wischt sie Vorurteile und Einwände zur Seite, strebt sie ihrem Ziel entgegen.

Lassen Sie Begeisterung in Ihrem Geschäft aufkeimen. Bringen Sie Begeisterung in Ihrer Haltung und Ihrem Auftreten zum Ausdruck. Sie wird sich wie ein Feuer in jede einzelne Abteilung Ihrer Firma ausbreiten und Freude und Zufriedenheit bei Ihren Mitarbeitern auslösen. Begeisterung bedeutet auch Lebendigkeit und Kraft – und sie wird Ihnen zu durchschlagenden Erfolgen verhelfen. Das sind die Grundvoraussetzungen, die sich auszahlen.

Auch wenn es um Wahlen geht, werden Sie sich den Kandidaten mit dem meisten ›Feuer‹ aussuchen. Ein Politiker ohne ›Feuer‹ hat kaum Chancen, eine Wahl zu gewinnen. Ein Kommentator der Tageszeitung *New York Times* schrieb einmal: »Einer unserer derzeitigen Präsidentschaftskandidaten hat keine Ausstrahlung, wenn er in Englisch spricht. Spricht er jedoch bei Wahlveranstaltungen vor mexikanischstämmigen Bürgern in Spanisch (was er fließend beherrscht), so wirkt er lebhaft und leidenschaftlich. Vor kurzem hielt er eine Rede in Mexiko und hatte damit soviel Erfolg, daß er hinzufügte, er habe sich vielleicht im falschen Land als Präsidentschaftskandidat aufstellen lassen. Könnte er seine Leidenschaft auch im Englischen mitteilen, so wäre er ein starker Konkurrent.«

In seinem Bericht über die Carter-Präsidentschaft beklagte der damalige Pressereferent Jody Powell Carters Unfähigkeit, bei seinen Mitarbeitern und Wählern Begeisterung hervorzurufen. »Seine Leidenschaftslosigkeit war genauso ein Schwachpunkt wie seine Ungehobeltheit«, so Powell.

Wenn Sie begeistert sind, haben Sie schon gewonnen.

Ausstrahlung Nr. 4: Autorität

Freude und Gelöstheit, Aufrichtigkeit, Anteilnahme und Begeisterung reichen noch nicht, wenn Sie keine Autorität ausstrahlen. In diesem Fall wird ein Kunde oder Zuhörer noch ein gewisses Maß an Gewicht oder Substanz vermissen. Autorität vermittelt die Botschaft: »Ich weiß, wovon ich spreche« und sagt Ihren Zuhörern: »Ich kann die Verantwortung für Sie übernehmen.«

Bei der ersten Fernsehdebatte zwischen Reagan und Mondale im Präsidentschaftswahlkampf 1984 fuchtelte Ronald Reagan nervös mit den Händen herum, sprach zögernd und rang verzweifelt nach Worten. Sein Blick sagte: »Ich weiß nicht mehr weiter.« Bei der zweiten Debatte jedoch hatte er seine Autorität zurückgewonnen. Er sprach mit Elan und Energie und brachte seine Sätze zu Ende. Er schien sich wieder sicher zu fühlen und konnte damit auch seinen Zuhörern versichern, daß er sich wieder unter Kontrolle hatte.

Doch im November 1986, als die Iran-Kontra-Affäre ans Licht kam, glitt ihm die Autorität wieder aus den Fingern. Sein Auftritt bei der Pressekonferenz war ein absoluter Tiefpunkt seiner Amtszeit. »Seit der Wahlkampfdebatte 1984 haben die Amerikaner ihren Präsidenten nicht mehr so unsicher gesehen, so wenig redegewandt und ungeschickt«, kommentierte Tom Wicker in der *New York Times*.

Wie kann ich die ›Botschaften‹ Freude und Gelöstheit, Aufrichtigkeit, Anteilnahme, Begeisterung und Autorität dem Zuhörer vermitteln und damit seine Aufmerksamkeit wecken und wachhalten?

Will man diese positiven ›Botschaften‹ übermitteln, so muß man sich überlegen, welche Signale diese Botschaften vor allem zum Ausdruck bringen:

- Ihre Gedanken, die Bilder und die Sprache, in denen Sie sie ausdrücken;

- Ihre äußere Erscheinung;
- Ihr Sprachstil;
- Ihre Augen;
- Ihr Gesicht.

All dies zusammengenommen ermöglicht es:

- einen starken Eindruck zu hinterlassen;
- den Kunden zu überzeugen;
- das Geschäft abzuschließen;
- den Fall zu gewinnen;
- das große Los zu ziehen.

Die sechs Stufen intelligenter Vorarbeit

Erste Stufe

Vorbereitung

Wann soll ich mit der Vorbereitung meiner Rede oder meines Vortrags beginnen?

Viele, die am Schreibtisch König sind, werden am Rednerpult zu armseligen Figuren. Das liegt meist daran, daß sie mit der Vorbereitung ihrer Rede zu lange warten. Bedeutungsvolle Einzeiler und bewegende Worte, die in die Geschichte eingehen, sind meist nicht das Produkt von Geistesblitzen in der letzten Minute. Gerade hinter den besonders gewandt und flüssig vorgetragenen Reden, die sich ganz spontan anhören, stecken oft viele Stunden harter Arbeit. Der amerikanische Politiker Mario Cuomo begann z. B. schon zehn Tage vorher mit der insgesamt 16stündigen Arbeit an seiner denkwürdigen Grundsatzrede beim Demokratischen Parteitag 1984.

Und die kanadische Neurophysiologin Brenda Milner, die wichtige Grundlagenarbeit auf dem Gebiet der Gedächtnisfunktion geleistet hat, sitzt oft den ganzen Nachmittag über einem einzigen Satz für ihre wissenschaftlichen Vorträge.

Beginnen Sie mit der Vorbereitung Ihrer Rede mindestens drei Wochen vorher. Sie werden sagen: »Dazu habe ich keine Zeit!« Es ist immer wieder erstaunlich für mich, wie viele wirklich gescheite, ehrgeizige Manager zu mir kommen, um eine wichtige Rede vorzubereiten, und dann entschuldigend hinzufügen: »Ich habe die Rede eben erst geschrieben« oder: »Ich habe sie im Flugzeug geschrieben.« Sie sollten es eigentlich besser wissen.

Wenn Sie keine Zeit haben, den eigenen Ansprüchen gerecht zu werden, dann nehmen Sie die Redeverpflichtung erst gar nicht an. Immer wenn ich im amerikanischen Außenministerium mit den Diplomaten arbeite, gebe ich ihnen eine Hausaufgabe auf. Diese Diplomaten haben soviel Disziplin, am nächsten Tag mit einer fertigen, gut geschriebenen Rede zu erscheinen. Obwohl sie durch die stets brodelnden internationalen Krisen ständig unter Druck stehen, nehmen sie sich dafür Zeit, und sie machen ihre Sache gut.

Wie kann ich mich am besten auf meinen Vortrag vorbereiten?

Ein Cartoon, der einmal in der Zeitschrift *The New Yorker* erschien, zeigte einen Mann am Rednerpult, der sagte: »Und nun möchte ich von meinem vorbereiteten Text abgehen und als Mensch zu Ihnen sprechen.«

Der Hauptfehler der meisten Reden – seien sie nun vom Redner selbst oder von einem seiner ›Ghostwriter‹ geschrieben – besteht darin, daß sie in geschriebener und nicht in gesprochener Sprache verfaßt sind. Eine Rede oder ein Vortrag – egal ob vor einem Publikum mit zehn oder tausend Zuhörern – muß unbedingt gesprochen und darf nicht abgelesen oder auswendig vorgetragen werden.

Ist das Konzept bereits in gesprochener Sprache geschrieben, dann ist es einfacher, die Rede in einem zwanglosen Umgangston vorzutragen. Schreiben Sie Ihre Rede nicht nur mit dem Stift, sondern auch mit der Zunge. Verwenden Sie kurze Sätze. (Mark Twain gab Schriftstellern sogar den Ratschlag, jedes dritte Wort zu streichen, und fügte hinzu: »Sie können sich nicht vorstellen, welche Ausdruckskraft das dem Stil verleiht.«) Verwenden Sie die aktive Form, z. B. ›Ich glaube‹, statt der passiven ›es wird angenommen‹. Oder auch Kurzformen, wie ›hat's‹ oder ›geht's‹, und vor allem Personalpronomen, wie ›ich, mein, wir, unser, Sie, Ihr‹ etc., anstelle von unpersönlichen Ausdrücken wie ›man‹. All dies verleiht Ihrer Rede eine ungezwungene, persönliche Note.

Schreiben Sie so, wie Sie mit jemandem sprechen, der Ihnen beim Abendessen am Tisch gegenübersitzt und den Sie von einer ganz bestimmten Sache überzeugen wollen. Sprechen Sie die Sätze vor sich hin, während Sie sie niederschreiben. Schon beim ersten Ablesen Ihres Konzepts muß es nach zwanglosem Umgangston klingen.

Stützen Sie Ihre allgemeinen Ausführungen mit spezifischen Daten – Beispielen, Statistiken oder Fakten. Die Untermauerung Ihrer Punkte durch nachprüfbare Daten macht Ihre Botschaft glaubwürdiger und verleiht Ihnen mehr Autorität.

Lassen Sie sich die Gedanken erst eine Weile durch den Kopf gehen, bevor Sie sie niederschreiben. Denken Sie dabei immer: Was kann ich dem Zuhörer erzählen, was er noch nie zuvor gehört hat, und zwar auf eine Art und Weise, wie noch nie zuvor jemand über dieses Thema gesprochen hat.

Denken kann man überall – beim Autofahren, beim Kücheputzen, beim Warten auf den Aufzug, auf dem Weg zur Arbeit. Gedanken können zu Schlafräubern werden. Sie können Sie nachts wachhalten oder von Ihrer Arbeit an anderen Dingen ablenken. Sie sollten deshalb stets ein Notizbuch zur Hand haben (z. B. in der Aktenmappe, Handtasche oder neben dem Bett), um Ihre Gedanken jederzeit notieren zu können.

Ein Geschichtsprofessor der Harvard-Universität, Richard Marius, sagte einmal: »Gutes Schreiben ist eine Art Ringen mit den Gedanken.« Beginnen Sie deshalb Ihren Ringkampf frühzeitig. Zwei Tage vor Ihrem Vortrag ist es zu spät, in den Ring zu gehen und mit genialen Ideen aus dem Kampf hervorzugehen.

Wie strukturiere ich meine Rede?

Reden oder Vorträge sollten immer aus drei Teilen bestehen: einer Einleitung, einem Hauptteil und einem Schluß. Legen Sie für jeden Teil eine Mappe an, dann können Sie beim Sammeln des Materials die jeweiligen Forschungsergebnisse, Zitate, Anekdoten und sonstigen Daten gleich in die richtige Mappe einordnen.

Ein erfahrener Mitarbeiter der Abteilung für Öffentlichkeitsarbeit des amerikanischen Ölkonzerns Exxon, Walter Wilson, schlägt vor, man solle seine Botschaft auf drei bis vier Hauptpunkte reduzieren. Danach sollte man eine Gliederung aufstellen. Die amerikanische Schriftstellerin Eleanor Foa Dienstag meint hierzu: »Eine Gliederung ist nichts anderes als eine genaue Straßenkarte zu Ihren wesentlichen Punkten. Sie zwingt Sie dazu, die Logik Ihrer Gedanken genau unter die Lupe zu nehmen, bevor Sie sich in den schwierigeren Feinheiten von Tonfall und Stil verstricken.«

In dem Buch *The Elements of Style* (›Stilelemente‹), dem amerikanischen Klassiker, was die Regeln guten Schreibens angeht, heben William Strunk Jr. und E. B. White besonders hervor, wie wichtig es ist, Ihre Ideen aus einem geeigneten Entwurf heraus zu entwickeln.

Schreiben Sie Ihre Erstfassung mit doppeltem Zeilenabstand. Dann haben Sie immer noch genügend Platz, um im nachhinein zusätzliche Gedanken einzufügen oder für eine veränderte Fassung bestimmte Passagen mit der Schere herauszuschneiden und an anderer Stelle wieder anzukleben. Fügen Sie beim Verfassen Ihres Konzepts überall dort ein großes A oder B ein, wo sich eine Anekdote oder ein Beispiel in Ihrer Rede gut machen würde.

Gibt es ein Geheimrezept für gut geschriebene Reden?

Was der Zuhörer hören möchte, so der Kolumnist der *New York Times* William Safire, sind bedeutungsvolle Worte – Geschriebenes, das Gedanken einer bestimmten Absicht miteinander verbindet.

Sie kennen sicher alle die üblichen Empfehlungen hierzu: Überlegen Sie sich, was Sie mit Ihrer Rede bezwecken wollen, wer Ihr Publikum ist und bei welcher Gelegenheit Sie sprechen sollen. Doch William Safire stellt darüber hinaus noch einige Fragen, an denen er gutes Schreiben mißt:

- Enthält die Rede neue Gedanken oder eine neue Sichtweise der Dinge?
- Enthält die Rede etwas, was sich lohnt, auf persönliche Art und Weise ausgedrückt zu werden?
- Ist die Rede strukturiert?
- Enthält die Rede schöne Redewendungen?
- Regt die Rede den Zuhörer zur aktiven Teilnahme an?
- Unterstreichen die verwendete Sprache und die Bilder die Gedanken in gebührendem Maße?
- Merkt man, worauf die Rede hinaus will?

Schreiben Sie so, daß jeder sofort alles versteht. »Blumige Sprache in einer Rede ist tödlich«, sagt William Safire. Einfache, klare Prosa hingegen ist das beste Ausgangsmaterial für eine gute Rede.

Verwenden Sie auch keine Wörter, die Sie nicht aussprechen können. Ein Wissenschaftler benutzte z. B. in seinem Vortrag die Wörter ›Kopräzipitation‹ und ›Dissoziationskonstante‹ und stolperte prompt darüber. Bei der Probe für ein Broadway-Musical sagte der Autor einmal zu mir, wenn ich zweimal über bestimmte Wörter in seinem Text stolpern würde, so sei dies ein sicheres Zeichen dafür, daß er die falschen Wörter für mich gewählt habe.

Vermeiden Sie auch den Gebrauch von Jargonwörtern, d. h. von Wörtern, die überheblich oder durch allzu häufigen Gebrauch bedeutungslos klingen oder die für Zuhörer außerhalb Ihrer Berufssparte unverständlich sind.

> Die objektive Betrachtung gegenwärtiger Phänomene legt die Schlußfolgerung nahe, daß Erfolg und Mißerfolg bei Wettbewerbsaktivitäten tendenziell nicht in einem direkten Zusammenhang mit angeborenen Fähigkeiten stehen, sondern daß es stets gilt, ein beträchtliches Ausmaß an Unvorhersehbarem mit in Betracht zu ziehen.

Der englische Schriftsteller George Orwell veranschaulichte die Sprachverwirrung durch Verwendung von zuviel Jargon, indem er seinen Lesern zuerst diesen jargongespickten Abschnitt zur Betrachtung vorlegte und ihnen dann eine einfachere Darstellung derselben Gedanken in Form eines Bibelzitats zeigte:

> Wiederum sah ich, wie es unter der Sonne zugeht: zum Laufen hilft nicht schnell sein, zum Kampf hilft nicht stark sein, zur Nahrung hilft nicht geschickt sein, zum Reichtum hilft nicht klug sein; daß einer angenehm sei, dazu hilft nicht, daß er etwas gut kann, sondern alles liegt an Zeit und Glück.

Das erste Beispiel besteht aus 40 Wörtern mit insgesamt 94 Silben. Das Original hat 52 Wörter mit nur 68 Silben. Im ersten Beispiel kommt kein einziger neuer, fesselnder Satz vor, und es hat nicht halb soviel Ausdruckskraft wie das zweite.

Verwenden Sie einfache, allgemeinverständliche Wörter anstelle von Fachwörtern oder hochtrabenden Wörtern, auch wenn Sie vor Kollegen sprechen. Ihre Zuhörer werden Ihre Botschaft um so schneller verstehen und noch lange im Gedächtnis haben, wenn sie all die jargongespickten Vorträge schon längst vergessen haben.

In dem Buch *The Elementes of Style* empfehlen die beiden Autoren Strunk und White, alles wegzulassen, was den klaren Fluß der Prosa trüben und den Sinn der Wörter verschleiern könnte.

Untergraben Sie nicht Ihre eigene Autorität. Verwenden Sie gutes Deutsch und bedienen Sie sich dabei der gesprochenen, nicht der geschriebenen Sprache. So hielt es auch der ehemalige amerikanische Präsident John F. Kennedy.

Wie fängt man eine Rede am besten an?

Geben Sie Ihrer Rede Farbe und Würze, indem Sie nach folgendem Muster vorgehen:

> *Eröffnen Sie Ihre Rede mit einem Überraschungseffekt, verwenden Sie Anekdoten, Zitate und gesprochene Sprache, geben Sie Beispiele oder erläutern Sie anhand von Daten und beenden Sie Ihre Rede mit einem prägnanten, packenden Schluß.*

Wenn Sie all dies bei Ihrer Vorbereitung beachten, werden Sie sich keine Sorgen mehr über den Inhalt Ihrer Rede machen müssen. Ein Grund weniger, nervös zu sein.

Beginnen Sie Ihre Rede nie mit den üblichen Phrasen wie: »Ich freue mich...«, »Es ist mir eine Ehre...« usw., sondern stets mit etwas Unerwartetem, einem Überraschungseffekt, der sofort die Aufmerksamkeit des Publikums auf Sie lenkt. Dies könnte sein:

- eine Frage:
  »Wie viele von Ihnen fliegen im Jahr mehr als 20000 Kilometer?«
- ein Zitat:
  Der amerikanische Präsident Teddy Roosevelt sagte einmal: »Weisheit besteht zu neunzig Prozent darin, zur rechten Zeit weise zu sein.«
- eine Beobachtung:
  Es gibt ein Straßenschild an der Kreuzung von zwei Landstraßen in der Nähe von Rutland, im Bundesstaat Vermont, auf dem steht: »Wählen Sie die richtige Spur, denn Sie werden die nächsten 17 Meilen nicht mehr aus ihr herauskommen.«
- oder nur ein Wort:
  »Geld!«

Wie wäre es mit einem Witz zur Eröffnung meiner Rede, der sowohl das Publikum als auch mich selbst entspannt?

Nimmt man den Begriff ›ent-spannen‹ einmal wörtlich, so bedeutet er ein Wegnehmen oder Lockern der Spannung. Wenn Sie aufstehen, um eine Rede zu halten, sollten Sie zwar stets ›voll Spannung‹ sein, d. h. sich unter Kontrolle haben, jedoch nicht angespannt sein.

Wollen Sie einen Witz erzählen, so sollten Sie folgendes dabei beachten:

- Er muß genau auf Ihr Thema passen.
- Er sollte so kurz und knapp wie möglich gebracht werden.
- Er muß genau zum richtigen Zeitpunkt kommen, damit die Pointe auch sitzt und einen Lacher auslöst.
- Er muß neu sein, d. h. man sollte auf jeden Fall sichergehen, daß er nicht schon überall die Runde gemacht und bereits ›einen Bart‹ hat.

Bei einem Mittagessen, an dem ich teilnahm, eröffnete der Intendant einer Rundfunkanstalt seine Rede mit einem abgedroschenen Witz, und ich konnte spüren, wie das Publikum von einem starken Gefühl der Verlegenheit ergriffen wurde.

Doch es gibt auch Witze, die ihren Sinn erfüllen. So begann die stellvertretende Vorsitzende einer Maschinenbaufirma ihren Vortrag über strategische Planung vor einer großen Management-Gruppe mit folgender Story:

> Ein bekannter Rechtsanwalt aus Lakewood fuhr vor kurzem gemütlich mit seinem Auto auf der Landstraße und dachte sich dabei, wie stolz er doch auf sein Geschäft, seine Erfolge, sein großes neues Haus und sein großes neues Auto sein konnte.
>
> Da plötzlich – Krach!!! Ein Bauer, der mit seinem Traktor aus seiner Ausfahrt kam, war in ihn hineingefahren. Der Bauer war sehr aufgeregt. Er hüpfte von sei-

nem Traktor und rannte zu dem Auto hinüber. Der Rechtsanwalt fühlte sich nicht gut. Da rannte der Bauer zurück zu seinem Werkzeugkasten und holte eine kleine Flasche Schnaps, die er dem Rechtsanwalt anbot. Der Rechtsanwalt nahm einen großen Schluck, und schon fing er an, sich besser zu fühlen.

Der Bauer riet ihm, noch mehr zu trinken, da er bestimmt einen schweren Schock erlitten habe. Also nahm der Rechtsanwalt noch ein paar große Züge aus der Flasche. Danach fühlte er sich wieder ganz gut. Der Bauer sagte: »Los, trinken Sie noch ein bißchen.« Als der Rechtsanwalt daraufhin den Bauern aufforderte, gemeinsam mit ihm die Flasche leer zu trinken, antwortete der Bauer: »Ach nein, vielen Dank, das geht nicht, die Polizei wird ja jeden Moment hier sein.«

Was zeigt uns diese Geschichte? Sie zeigt uns, daß der Bauer ganz offensichtlich mit strategischer Planung vorgegangen ist. Seine Art der Planung eignet sich vielleicht nicht gerade als Langzeitstrategie für ein Unternehmen, aber sie war auf jeden Fall sorgfältig durchdacht.

Es gibt jedoch einen Unterschied zwischen Humor und Witzen. Humor kann eine Rede auflockern und einen Sinn für Spontaneität zum Ausdruck bringen.

Ein amerikanischer Professor der California State University, Peter Desberg, hat die Wirkungen von Humor untersucht und herausgefunden, daß er die Aufnahmefähigkeit für Informationen beschleunigt.

Besonders Humor, der auf einen selbst abzielt, mit dem man sich selbst auf den Arm nimmt, verfehlt fast nie seine Wirkung, vor allem dann nicht, wenn man ganz oben auf der Hierarchieleiter steht. Damit gewinnen Sie die Sympathie Ihres Publikums.

Der frühere israelische Außenminister Abba Eban antwortete einmal auf eine besonders überschwengliche Vorstellung seiner Person mit den Worten: »Ich danke Ihnen vielmals für diese wunderbaren Komplimente. Kein Politiker kann es sich leisten, nicht dankbar für Komplimente zu sein, so unverdient sie auch sein mögen. Dazu bekommen wir sie viel zu selten.«

Diese Worte Ebans wurden von dem britischen Parlamentarier Greville Janner in der englischsprachigen Zeitschrift *Executive World* veröffentlicht, gemeinsam mit einigen anderen Politikerwitzen, die er in öffentlichen Reden gerne verwendet. Andere Beispiele daraus sind z. B.:

Ein Politiker ist eine Person, die spricht, während andere schlafen.

Ich führte einmal ein paar Amerikaner zur Westminster Abbey, um ihnen das Grab eines verstorbenen Kollegen zu zeigen. Die Inschrift auf dem Grab lautete: »Hier liegt ein Politiker und ein ehrlicher Mann.« Ein Amerikaner sagte daraufhin: »Ich wußte nicht, daß in England zwei Personen im gleichen Grab begraben werden.«

Der amerikanische Komiker Henny Youngman empfiehlt, Humor nach folgendem Rezept anzuwenden:

1. Verwenden Sie nur Witze oder Gags, die genau auf Ihr Thema und zu Ihrer Person passen. Prüfen Sie, ob sie auf Sie zugeschnitten sind.
2. Machen Sie lebendige Geschichten daraus. Geben Sie Ihren Personen und Plätzen Namen.
3. Lachen Sie über sich selbst. Machen Sie sich selbst oder Ihre Familie zur Zielscheibe Ihres Witzes. (Youngman nahm dazu immer seine Frau.)
4. Fassen Sie sich kurz. Der Geist kann nicht mehr aufnehmen, als der Hintern ertragen kann.

Was ist von dem herkömmlichen Ratschlag zu halten, man solle zuerst sagen, worüber man sprechen wird, dann darüber sprechen und anschließend zusammenfassen, worüber man gesprochen hat?

Gar nichts. Das ist altmodisch und langweilig. Außerdem ist es unnötig, denn wenn Sie Ihre Botschaft dynamisch vorbringen, wird das Publikum auch behalten, was Sie ihm erzählt haben.

Wieso ist es wichtig, mit Anekdoten zu arbeiten?

Wird mir etwas erzählt, werde ich wahrscheinlich zuhören. Wird mir etwas gezeigt, werde ich aufpassen. Werde ich mit einbezogen, so werde ich dabei etwas lernen.

Anekdoten beziehen den Zuhörer mit ein. Beim Erzählen einer Anekdote sieht er eine lebendige Szene vor sich. Bei einem meiner zweitägigen Seminare im amerikanischen Außenministerium arbeitete ich mit dem Staatssekretär für außenpolitische Beziehungen mit Lateinamerika. Am ersten Tag hielt er eine Rede, in der er eine Beschreibung davon gab, welch schreckliche Dinge er in Mittelamerika zu sehen bekommen hatte. Er sagte: »Tausende unschuldiger Menschen werden jeden Tag getötet.« Können Sie sich vor Ihrem geistigen Auge vorstellen, wie Tausende von unschuldigen Menschen getötet werden?

Vergleichen Sie das mit der Beschreibung, die er am nächsten Tag gab: »Wie würden Sie sich fühlen, wenn es an Ihrer Tür klingeln würde und Sie beim Aufmachen den Leichnam Ihres besten Freundes vorfinden würden?«

Anekdoten und Zitate können Ihren Vortrag beleben. Sie können nie genug davon verwenden. Sammeln Sie fleißig. Immer wenn ich eine Anekdote höre, spitze ich die Ohren. Vor kurzem sagte z. B. Nancy Reagan: »Frauen sind wie Nüsse. Erst wenn man sich die Mühe macht, sie zu knacken, weiß man, was in ihnen steckt.« Das habe ich mir sofort aufgeschrieben.

Halten Sie also Ihre Augen und Ohren offen für Anekdoten und Zitate, die eine treffende Pointe haben. Gewöhnen Sie sich an, Anekdoten und Zitate zu sammeln, sobald Sie sie irgendwo lesen oder hören. Machen Sie sich eine Mappe nur dafür – es wird sich bezahlt machen.

Wann sollten Sie Gefühle mit ins Spiel bringen?

Normalerweise haben Gefühle und Emotionen in offiziellen Reden nichts zu suchen. Handelt es sich jedoch um einen Spendenaufruf für karitative Zwecke oder um eine Wahlkampagne, so sind sie nicht fehl am Platze. Aber halten Sie Ihre Gefühle im Zaum.

Gefühl, einfach eingesetzt, findet direkt den Weg zur Seele. In seiner Dankesrede zur Verleihung des Nobelpreises ließ Elie Wiesel seine Gefühle zum Ausdruck kommen. Allein die Rede zu lesen, war ergreifend. Ihr zuzuhören, muß herzbewegend gewesen sein.

»Ein guter Schluß ziert alles«

Ein Schlußwort ist für eine Rede dasselbe wie ein hohes C für eine Sopranarie: Gut vorgebracht, sollte es der Auslöser zum Applaus sein.

Zitate eignen sich sehr gut als Schluß einer Rede. So lautete z. B. das Schlußwort einer Rede vor Top-Managern über Zukunftsplanung folgendermaßen: »Lassen Sie uns also dem Ratschlag von Ted Turner folgen, der einmal sagte: ›Führen Sie, folgen Sie oder machen Sie, daß Sie aus dem Weg gehen.‹«

Noch ein Beispiel für einen humorvollen Schluß aus einer Rede mit dem Titel: ›Neues Fachwissen für Großbritannien‹, die Jock Elliott, ehemaliger Vorsitzender von Ogilvy & Mather, bei der Jahreshauptversammlung des

›Institute of Directors‹ in London hielt: »Ich weiß, Sie wären enttäuscht, wenn ich Sie nicht über meine momentane Lage in puncto Kleidung informieren würde. Sie werden sich sicher freuen, zu hören, daß ich einen neuen Anzug habe. Von einem berühmten Schneider. Ein Zweireiher, der letzte Schrei. Ich hätte ihn heute gerne angezogen, aber ich mußte ihn zum Schneider zurückbringen. Die Ärmel waren zu kurz. Was man von dieser Rede nicht gerade behaupten kann. Vielen Dank.«

Sollten Sie für den Schluß Ihrer Rede kein ausdrucksstarkes Zitat oder keine Anekdote finden, die den Punkt genau trifft, dann verwenden Sie die Anapher, d. h. wiederholen Sie dasselbe Anfangswort oder dieselben Anfangswörter in aufeinanderfolgenden Sätzen.

Wenn wir einen Traum haben,
wenn wir uns alle zusammentun,
wenn wir wollen, daß unsere Kinder eine unbeschwerte Zukunft haben,
dann sollten wir den Mut aufbringen, jetzt zu handeln.

Anaphern haben einen Rhythmus und eine Kadenz, die dem Publikum ankündigt, daß Sie jetzt zum Schluß kommen, wie ein Auto mit Gangschaltung, das langsam vom dritten, in den zweiten, in den ersten Gang zurückgeschaltet wird und dann zum Stehen kommt. Darauf folgt: Applaus, Applaus.

Wie lange sollte meine Rede dauern?

Die meisten Vorträge sollten nicht länger als 20 Minuten dauern, höchstens jedoch 40 Minuten, wenn Sie viel Information mitzuteilen haben.

Man kann davon ausgehen, daß 150 Wörter ungefähr einer Minute Redezeit entsprechen (in England sind es etwa 160 Wörter, in Italien und Frankreich eher 180 Wörter.).

Das macht ungefähr eine dreiviertel Manuskriptseite, mit doppeltem Zeilenabstand getippt, oder eine handgeschriebene Seite mit doppeltem Zeilenabstand auf einem linierten DIN-A4-Block. Für einen Vortrag von 15 bis 20 Minuten umfaßt das ganze Manuskript also etwa 10 bis 12 Schreibmaschinenseiten.

Wie kann ich wissen, ob ich eine gute Rede zu Papier gebracht habe?

»Ich kann nicht schreiben«, sagen alle meine Kunden. Sie müssen ja kein Woody Allen oder gar ein Thomas Mann sein, um eine gute Rede oder einen guten Vortrag schreiben zu können. Wenn Sie Ihre Grenzen kennen, dann wissen Sie bereits, worauf Sie sich konzentrieren müssen. Der englische Schriftsteller Somerset Maugham schrieb in seiner Autobiographie, er wisse, er habe nur einen begrenzten Wortschatz, keine lyrische Ader, keine Begabung für Metaphern oder Gleichnisse, keine ausschweifende Fantasie: »Ich wußte, ich würde nie so gut schreiben können, wie ich es möchte, aber ich dachte, wenn ich mir Mühe gebe, kann ich so weit kommen, so gut zu schreiben, wie es mir meine natürlichen Schwächen erlauben.«

Geben Sie Ihr Bestes. Wenn Sie diesen Richtlinien folgen, dann sollte dabei eine Rede herauskommen, in der man Sie wiedererkennt. Gehen Sie zum Rednerpult oder in das Büro Ihres Kunden, ohne Angst zu haben: Ist mein Material auch interessant? Überzeugend? Bedenken und Zweifel über den Inhalt können nun über Bord geworfen werden.

Was mache ich, wenn mir mein Chef eine schlechte Rede zum Vortragen aufhalst?

Vor vielen Jahren wurde ich einmal gebeten, die Rolle der Aida in ›My Darling Aida‹, einer Broadway-Fassung der

Verdi-Oper *Aida* zu spielen. Das Drehbuch war hervorragend. Bevor die Probenarbeiten zu der Show anfingen, ging ich noch auf Tour nach Europa, um für die amerikanischen Soldaten, die dort stationiert waren, zu singen. In 17 Tagen hatte ich 22 Auftritte.

Als ich nach New York zurückkam, merkte ich, daß der Autor den Text inzwischen völlig umgeschrieben hatte. Er hatte damit all die Schönheit und Stärke der ursprünglichen Figur zerstört. Ich war verzweifelt. Ich rief meine Schauspiellehrerin Lina Abarbanel an, die früher einmal die erste ›Lustige Witwe‹ am Broadway gespielt hatte. Sie war schon 85 Jahre alt und hatte mich bisher auf jede meiner Broadway-Rollen vorbereitet. Sie lehrte mich, daß zwar ein Part schlecht geschrieben sein könne, daß jedoch der Tonfall der Stimme Dinge ausdrücken könne, wozu Worte nicht in der Lage seien. (Richard Burton hätte die Menschen bestimmt auch noch beim Vorlesen des Telefonbuchs zu Tränen rühren können.) Außerdem könne die Art der Körperhaltung den Charakter einer Figur oft besser zum Ausdruck bringen als Worte.

Als ich ihr erzählte, was mit dem Aida-Text geschehen war, riet sie mir: »Denke nicht an die Wörter. Stell dir vor, es wäre in Russisch geschrieben. Du singst ja auch in fremden Sprachen, die du nicht verstehst, und trotzdem verleihst du deinem Vortrag Farbe, und zwar durch deinen Tonfall. Stelle den Charakter und die Gefühle der Aida durch die Färbung deiner Stimme dar.«

Ich folgte ihrem Ratschlag und bekam fantastische Kritiken.

Wie bringe ich meinen Redenschreiber dazu, für mich passender zu formulieren?

Vor kurzem wurde der amerikanische Senator Barry Goldwater in einer Talkshow von dem Moderator gefragt: »Als ich Sie im Präsidentschaftswahlkampf von 1964 beobachtete, konnten Sie gut mit den Massen umgehen, Sie waren warm und spontan. Aber wenn Sie offizielle Reden hielten, wirkten Sie nicht mehr wie Sie selbst. Sie schienen formell und reserviert. Wie kam das?«

»Das lag an den Referenten, die für mich die Reden schrieben«, sagte Goldwater. »Ich klebte am Text. Mein natürlicher Redestil ist die gesprochene Sprache, aber die Verfasser meiner Reden schrieben mir Reden, die man ablesen mußte.«

Professionelle ›Ghostwriter‹ vergessen offenbar oft, in gesprochener Sprache zu schreiben. Ein Kunde von mir, der selbst ›Ghostwriter‹ ist, erinnerte sich daran, wie aufgeregt er war, als er ganz hinten in einem großen Hörsaal saß und auf seine erste Rede wartete, die von seinem Chef vorgetragen werden sollte. »Als er mit der Rede fertig war, war ich am Boden zerstört. Er hatte jedes Wort abgelesen, aber dann merkte ich, daß ich die Rede auch nicht zum Sprechen geschrieben hatte. Ich hatte sie zum Lesen geschrieben.«

Als ich einmal im Außenministerium ein Seminar für Referenten abhielt, die Politikerreden verfassen, bat ich jeden einzelnen, zum Rednerpult zu gehen und die Rede, die er für seinen Chef geschrieben hatte, vorzutragen. Kein einziger davon war in der Lage, seine Rede zu sprechen. Das Hindernis: geschriebene Sprache.

Ein ›Ghostwriter‹ muß nicht nur in gesprochener Sprache schreiben, sondern der Stil muß seinem Auftraggeber auch entsprechen. Der Präsident einer großen Medien- und Kommunikationsfirma, der auch ein langjähriger Kunde von mir ist, rief mich neulich an. Nachdem er viele erfolgreiche Reden gehalten hatte, klappte es plötzlich nicht mehr. Er sagte: »Ich habe keine Ahnung, was los ist.« Er kam mit der Rede, die er gerade übte, in mein Büro. Sobald ich einen Blick darauf geworfen hatte, wußte ich, woran es haperte. Er hatte einen neuen ›Ghostwriter‹ engagiert, der Wörter benutzte, die mein Kunde niemals in den Mund nehmen würde.

Die Rede ist geschrieben, was kommt dann?

Der englische Schriftsteller George Bernard Shaw schrieb einmal einen Brief an einen Freund mit der Entschuldigung: »Leider ist es ein langer Brief geworden, ich hatte keine Zeit, einen kurzen zu schreiben.«

Es ist schwerer, eine kurze, knappe Rede zu schreiben als eine lange, weitschweifige. Der erste Entwurf einer Rede ist immer zu lang. »Rohfassungen sind meist dumm«, sagt William Safire. »Halten Sie sich nicht an die These, daß Sie aus Offenheit und Ehrlichkeit heraus alles beim Namen nennen müssen. Das ist keine Ehrlichkeit, sondern intellektuelle Faulheit. Lassen Sie einiges davon wegfallen und führen Sie dafür andere Punkte besonders aus.«

Es gibt keinen Vortrag, der nicht noch durch Kürzen, Herausschneiden oder Weglassen verbessert werden könnte. Schneiden Sie die dürren Äste heraus, das Überflüssige, die rhetorischen Schnörkel, alles, was nicht nach Ihnen klingt. Und fügen Sie ein, was noch fehlt. Seien Sie dabei knapp, direkt, themenbezogen.

Verlieben Sie sich nicht in Ihre eigenen Formulierungen. Seien Sie rigoros. Verwenden Sie nie zwei Wörter, wenn auch ein starkes Wort genügt, die Botschaft herüberzubringen. Der frühere amerikanische Präsident Franklin D. Roosevelt hatte eine Gabe dafür, genau die passenden Worte zu finden. Als es darum ging, im amerikanischen Kongreß darüber zu entscheiden, ob man den Japanern den Krieg erklären solle, fing seine Rede ursprünglich so an: »7. Dezember 1941. Ein Tag, der in die Weltgeschichte eingehen wird.« Eigenhändig strich Roosevelt den letzten Satz aus und setzte dafür: »Ein Tag der Infamie.« So werden große Reden durch sorgfältiges Überarbeiten noch besser.

Verwenden Sie das ›Schneid- und Klebesystem‹. Ich schneide Abschnitte heraus, von denen ich denke, daß sie dort nicht hingehören, und klebe sie dann an der richtigen Stelle wieder an. Machen Sie sich nichts daraus, daß Ihre Seiten am Ende wie alte Papyrusrollen aussehen. Dieses

System spart wertvolle Zeit. Wenn Sie natürlich mit einem Computer arbeiten, kann er diese Arbeit für Sie übernehmen.

Als Jeane Kirkpatrick UN-Botschafterin war, bat sie oft ihre Freunde, ihr beim Verfassen von Reden zu helfen. Beim Mittagessen fragte sie mich einmal, wie mir ihre Rede beim Parteitag der Republikaner gefallen habe; sie fügte hinzu, sie habe sie selbst geschrieben. »Nachdem ich zusammen mit meinem Mann einige Versionen erstellt hatte, setzten wir uns noch einmal mit Norman Podhoretz (Herausgeber der Zeitschrift *Commentary*) und seiner Frau Midge Decter hin und überarbeiteten das Ganze. Danach machten mein Mann und ich eine Neufassung. Anschließend sprachen wir noch einmal mit Irving Kristol und seiner Frau. Danach wurde wieder neu verfaßt und umgeschrieben. Zuletzt gingen wir noch einmal mit William Buckley und seiner Frau das Ganze durch. Daraus ergab sich dann nach einem letzten Umschreiben die Endversion, die dann noch viele Male geübt wurde. Als ich dann schließlich auf der Bühne stand, um meine Rede zu halten, hatte ich nicht das Gefühl, als eine Stimme, sondern als mehrere Stimmen zu sprechen.«

David Ogilvy hat ein anderes System. Er schickt Kopien seiner Reden an Freunde mit der Bitte um Verbesserung. Seine Freunde sagen zwar, daß er ihre Verbesserungsvorschläge nicht oft annimmt, aber sie freuen sich, daß er sie fragt.

Legen Sie Ihre Rohfassung nach Fertigstellung erst einmal beiseite und schauen Sie sie ein paar Tage lang nicht an. Wenn Sie sie dann wieder hervorholen, sehen Sie viel besser, was gekürzt und herausgestrichen werden muß.

Die Endversion steht, was kommt dann?

Wenn Ihre Rede kurz vor der Vollendung steht, sprechen Sie sie auf Band. Spulen Sie zurück und hören Sie sich das Ganze mit dem Rücken zum Kassettenrecorder an.

Denn wenn Sie den Kassettenrecorder dabei anschauen, sind Sie subjektiv. Mit dem Rücken zu ihm sind Sie objektiv. Achten Sie noch nicht darauf, wie Sie Ihre Rede vortragen – noch nicht. Das kommt später.

Sie werden sofort hören, ob Ihre Rede in gesprochener Sprache geschrieben ist. Hören Sie auf den Inhalt. Es wird Ihnen sofort auffallen, was fehlt oder wo etwas zuviel ist. Beim Zuhören kristallisieren sich für mich immer neue Ideen heraus. Schreiben Sie Ihre Rede um und nehmen Sie sie dann wieder auf Band auf, so lange, bis Sie damit zufrieden sind. Das Überarbeiten gibt Ihrer Rede den letzten Schliff und macht Ihnen das Vortragen leichter.

Nicht vergessen:

- Material ordnen
- In gesprochener Sprache schreiben
- Mit einem Überraschungseffekt beginnen
- »Ein guter Schluß ziert alles«
- Anekdoten und Zitate verwenden
- Mehrmaliges Überarbeiten lohnt sich

Wie wichtig ist das äußere Erscheinungsbild des Vortragenden?

Dem französischen Staatsmann Charles de Gaulle sagte man nach, daß sich die Atmosphäre in einem Raum veränderte, sobald er eintrat. Wie kommt es, daß ein guter Schauspieler, sobald er die Bühne betritt, sofort die Aufmerksamkeit des Publikums auf sich zieht, noch bevor er ein Wort gesprochen hat? Er besitzt das Zaubermittel, das man Ausstrahlung nennt.

Und Ausstrahlung kommt ganz einfach durch die Haltung einer Person zustande, die Art, wie sie sich nach außen gibt und fordert: Aufgepaßt! Hier komme ich.

Schaut her! Hört, was ich zu sagen habe! »Menschen mit Ausstrahlung können sich in jeder gesellschaftlichen Situation ganz natürlich bewegen«, sagt der Psychologe Richard Boyatzis, der sich mit der Frage beschäftigt, welche Eigenschaften man haben muß, um andere Menschen von seiner Ansicht zu überzeugen. »Solche Menschen sind sich ihrer selbst sehr sicher.«

Manche Menschen haben von Geburt an eine gewisse Ausstrahlung. Wir übrigen Sterblichen müssen sie uns selbst aneignen. Wie? Ganz einfach. In Wirklichkeit ist es mehr eine Frage des Körpers als der Psyche. Was passiert zum Beispiel mit den Muskeln des Körpers beim Tennisspielen im Moment des Aufschlags, wenn der Ball auf den Schläger aufprallt? Die Muskeln ziehen sich zusammen und spannen sich an (ohne sich dabei zu verspannen), um genügend Kraft zu sammeln, damit der Ball übers Netz geschlagen werden kann. Benutzen Sie beim ›Spiel‹ am Rednerpult die gleiche Art von Spannung wie beim Tennisspiel.

Probieren Sie dies einmal zu Hause aus: Stellen Sie sich vor einen Spiegel. Achten Sie darauf, wie Sie dastehen. Geht von Ihnen eine Ausstrahlung aus? Stellen Sie sich nun so hin, daß das Gewicht gleichmäßig auf beiden Fußballen verteilt ist. Strecken Sie Ihre Brust nach vorne und ziehen Sie Ihre Bauchmuskeln an. Wie sehen Sie jetzt aus? Sie haben jetzt automatisch eine geradere und aufrechtere Haltung. Das strahlt Autorität aus. Es ist jedoch keine militärische Haltung, sondern die Haltung eines selbstbewußten Menschen.

Viele Menschen sitzen in wichtigen Besprechungen mit der typischen ›Meeting-Haltung‹, d. h. in der Form eines zunehmenden Mondes. Sie lehnen sich in ihrem Sitz zurück, die Beine nach vorne gestreckt, völlig in sich zusammengesackt. Dadurch sehen sie passiv aus, desinteressiert, nicht bei der Sache.

Auch wenn Sie bei einer Konferenz nur zuhören, werden Sie ständig beobachtet. Sie sehen aufmerksam und interessiert bei einer Besprechung aus, wenn Sie mit aufrechter Brust, leicht nach vorne geneigt dasitzen. Wenn Sie an einem Tisch sitzen, dann ändern Sie die Ermahnung Ihrer Mutter ›Ellbogen gehören nicht auf den Tisch!‹ in der Weise ab, daß Sie nur Ihre Unterarme auf den Tisch legen, und zwar so, daß sie auf der Tischkante genau zwischen Handgelenk und Ellbogen ruhen, und verschränken Sie dabei die Hände (das hilft nervöses Herumgefummel zu vermeiden). Diese Haltung verleiht Ihnen bei Konferenzen und Podiumsdiskussionen eine gewisse Autorität.

Der Staatssekretär im Außenministerium von Präsident Carter, Warren Christopher, sollte in der Pressekonferenzsendung ›Meet the Press‹ anläßlich der Iran-Geiselaffäre ins Kreuzfeuer genommen werden. Ich fuhr einen Tag vorher nach Washington, um ihn darauf vorzubereiten. Er saß in fast völlig gebückter Haltung am Tisch, die Hände über der Tischkante verschränkt, wie ein kleiner Schuljunge an seiner Schulbank. Das war nicht die Haltung eines Mannes, der sich mit einer internationalen Krise auseinandersetzen sollte. Sobald er jedoch in der ›Autoritätshaltung‹ am Tisch saß, d. h. mit angespannten Bauchmuskeln, auf der Tischkante aufgestützten Unterarmen und verschränkten Händen, sah er sofort aus wie ein Mann, der alles im Griff hat. Körperspannung erzeugt gespannte Aufmerksamkeit.

Wie wichtig ist der äußere Eindruck, den ich auf meine Zuhörer mache?

Nachdem ich eine Rede vor der ›Young Presidents' Organization University‹ beendet hatte, ging der Generaldirektor eines großen Unternehmens ans Rednerpult, um mir zu danken. Er hing geradezu über dem Rednerpult und bewegte dabei das Mikrophon, als wolle er Blumen damit gießen. Ich ging zu ihm hin, stellte ihn gerade hin, ohne daß er sich aufs Rednerpult stützen konnte, knöpfte ihm die Jacke zu und strich sein Haar auf die Seite. Dann gab ich ihm das Mikrophon wieder in die Hand.

Das Publikum tobte. Sie schrien: »Jack, du hast noch nie so gut ausgesehen. Wieso siehst du nicht immer so aus?«

Man kann immer so aussehen. Gehen Sie zu dem Rednerpult, halten Sie Ihren Vortrag, verkaufen Sie Ihre Idee, Ihr Produkt oder Ihre Dienstleistung ohne Nervosität und seien Sie sich dabei bewußt, daß Sie Autorität ausstrahlen.

Welche Art von Sprache soll ich am Rednerpult verwenden?

Da gibt es nur eine Antwort: Umgangssprache! Wenn Sie nicht gerade Abba Eban sind, einer der gewandtesten Redner unserer Zeit, dann verwenden Sie keine formelle ›Vortragssprache‹ für Ihre Rede. Sie wollen doch mit Ihrem Publikum reden und nicht nur auf es einreden.

Wenn Sie vor einem Publikum sprechen, dann verwenden Sie denselben Umgangston, den Sie benutzen würden, wenn Sie jemandem beim Abendessen gegenübersitzen und ihn von Ihrer Meinung überzeugen wollen.

In meinem Eßzimmer steht ein runder Tisch, an dem zehn Personen Platz haben. Runde Tische regen das Gespräch an. Man bekommt keinen steifen Hals, wenn man sich zur Seite dreht, um mit seinem Nachbarn zu reden. Man kann mit den Leuten reden, die neben einem, gegenüber oder schräg gegenüber sitzen.

Die Herausgeberin einer erfolgreichen Zeitschrift und ihr Mann haben uns einmal zu einer Dinnerparty eingeladen. Sie hatten fünf kleine runde Tische aufgestellt und so alles getan, damit eine warme, gemütliche Atmosphäre entstehen konnte. Leider waren die Blumengestecke in der Mitte der Tische so hoch, daß man sein Gegenüber weder sehen, geschweige denn mit ihm sprechen konnte. Dies erinnerte mich an einen Cartoon, den ich einmal im *New Yorker* gesehen hatte. Es zeigte Leute an eben so einem Tisch mit äußerst ausladender Tischdekoration in der Mitte, die sich übers Telefon miteinander unterhielten.

Der erste runde Tisch überhaupt war aus versteinertem

Holz gemacht. Wie die Legende erzählt, hatte auch König Arthur eine runde Tafel, um all seinen Rittern den gleichen Status zu gewähren. Die gängige Form eines Eßtisches im Mittelalter war jedoch ein Rechteck. Alle Gäste saßen an einer Seite des Tisches. Der Gastgeber saß in der Mitte des Tisches vor dem Salzfaß. Ehrengäste, die ›ihr Salz wert waren‹, saßen zur Rechten des Gastgebers, oberhalb des Salzes. Weniger geachtete Gäste saßen unterhalb des Salzes. Die einzige Möglichkeit, sich zu unterhalten, war zu schreien.

Die meisten Tische in den Sitzungsräumen von Firmen sind rechteckig. Der größte Sitzungstisch, den ich jemals während eines meiner Seminare zu Gesicht bekam, stand bei Rothschild in London. Er war ungefähr 1,5 m breit und 5 m lang.

Ein anderer Konferenztisch, der es mit der Größe eines Fußballfeldes aufnehmen kann, steht im Sitzungszimmer der New Yorker Börse. An solch überdimensionierten Tischen lassen sich keine Gespräche führen, man spricht auf die anderen ein, nicht mit ihnen.

Wenn meine Gäste an meinem runden Tisch über einem Kaffee sitzen und sich gegenseitig von ihren Meinungen oder ihrer Sache zu überzeugen suchen, verwenden sie den typischen zwanglosen Umgangston, den man an so einem Tisch anschlägt. Einer sagt etwa: »Aber John, wenn wir das nicht machen, dann klappt das nie.« Und beim Sprechen lehnt er sich zu seinem Zuhörer hinüber, sieht ihm direkt in die Augen und spricht mit Überzeugung, Energie und Leidenschaft.

Diese von ihm ausgehende Energie ist es, die den Zuhörer dazu bringt, an die Idee zu glauben. Genau diese Sprache müssen Sie sprechen, wenn Sie am Rednerpult stehen, ein Produkt präsentieren, ein Verkaufsgespräch führen, vor einer Wahlversammlung sprechen, immer und überall dann, wenn Sie in der Öffentlichkeit auftreten.

Welche Wirkung hat diese Sprache auf Ihre Zuhörer? Es heißt, daß die Kraft des Geistes den Körper beeinflussen kann. Wie steht es jedoch mit der Kraft des Körpers, die den Geist beeinflussen kann? Stellen Sie sich doch einmal vor, wie Ihr Körper auf bestimmte akustische Reize reagiert. Beim Geräusch von quietschender Kreide auf der Tafel oder einem Preßlufthammer, der sich in Beton bohrt, schreckt sowohl Ihr Geist als auch Ihr Körper zusammen. Stellen Sie sich demgegenüber vor, wie Ihr Geist auf den Klang eines Cellos reagiert. *Mhhh,* sagt Ihr Geist, *mehr.*

Wenn Sie Energie und Resonanz in Ihre Stimme legen, hat dies auf den Körper Ihres Zuhörers eine positive Wirkung. Der Körper drängt den Geist dazu, ja zu sagen. Klingt Ihre Stimme jedoch schüchtern und flattert sie vor Aufregung, so spüren Sie dies, der Zuhörer hört es, und Sie sehen Unbehagen in seinen Augen. Auf Energie in der Stimme reagiert Ihr Zuhörer mit einem: *Mhhh, mehr.* Sie können die Zustimmung in seinen Augen ablesen.

Wohin soll ich während meiner Rede blicken?

In einem Leitartikel der Zeitschrift *Newsweek* vom 6. Juli 1987 schreibt George Will: »Wir brauchen Politiker, die von ihren Texten hochsehen. Das amerikanische Publikum sollte beleidigt sein, wenn ein Sprecher ihm immer nur vorliest. Wir wissen, daß Politiker lesen können. Die meisten von ihnen lesen immer nur ab, was irgendwelche Hintermänner für sie geschrieben haben. Sie sollten aufhören damit, uns immer nur vorzulesen.«

Der amerikanische Philosoph Ralph Waldo Emerson sagte einmal: »Augen können bedrohen wie eine geladene Pistole, beleidigen wie Pfiffe oder Tritte, oder durch Wellen der Freundlichkeit das Herz vor Freude hüpfen lassen.«

Die Augen sind das erste, auf das man blickt, wenn man einem Menschen zum erstenmal begegnet. Augen sprechen Bände. Vierhundert Muskeln tragen zum Ausdruck Ihrer Augen bei. Wieder Emerson:

»Das Auge zeigt den wahren Geist in sichtbarer Form. In jeder verschiedenen Stimmung nimmt es einen anderen

Ausdruck an. Freude macht es glänzend und offen. Kummer schließt es halb und läßt es in Tränen versinken. Haß und Zorn sprühen aus ihm wie Blitze. Liebe wirft es zu in Blicken voll feuriger Glut. Eifersucht und schielender Neid schießen wie Giftpfeile aus dem Auge. Hingabe läßt es sich zum Himmel erheben.« (Nach: *The Art of Speaking* [Die Kunst der Rede], 1770).

Während seiner Befragung anläßlich der Watergate-Affäre vor dem Senat sagte Henry Kissinger unter Eid vor dem Untersuchungsausschuß aus, doch seine Augen verrieten ihn. Normalerweise blinzelt Kissinger selten. Als man ihm eine kompromittierende Frage stellte, blinzelte ein Auge ganz plötzlich, und in einem einzigen Augenblick war seine ganze Glaubwürdigkeit dahin.

Wenn Sie während Ihrer Rede Ihren Blick nicht ins Publikum richten, werden Sie weder dessen Aufmerksamkeit wecken noch wachhalten können. »Niemand kauft etwas von Leuten, bei denen man die Augen nicht sieht.« Ihre Augen sollten fast immer (zu 90% Ihrer Redezeit) nach vorne gerichtet sein und dabei Ihre Zuhörer anblicken.

Probieren Sie einmal folgende Übung mit einer Freundin. Bitten Sie sie, Ihnen drei Fragen zu stellen. Wo waren ihre Augen, während Sie Ihnen die Fragen stellte? Hat sie Ihnen direkt in die Augen gesehen? Oder hat sie, um ihren nächsten Gedanken zu formulieren, an die Wand, an die Decke oder auf ihre Hände gesehen?

Wahrscheinlich hat sie, während sie mit Ihnen sprach, nur in eines Ihrer Augen gesehen. Versuchen Sie nun mit ihr zu sprechen und ihr dabei gleichzeitig in beide Augen zu sehen. Es ist unmöglich. Man fängt an, zu schielen.

Durch genaues Beobachten der Fernsehinterviews von Präsident Kennedy habe ich etwas gelernt, was von unschätzbarem Wert für meine Kunden ist. Wenn Kennedy mit seinem Interviewpartner sprach, sah er ständig von einem Auge zum anderen – nicht wie das gleichmäßige Schwingen eines Uhrpendels, sondern als ob er seine Botschaft in jedes der beiden Augen pflanzen wollte. Auf den Zuhörer wirkte das aufrichtig und lebendig.

Wenn man die Augen in dieser Weise einsetzt, verändert sich ständig der Weißanteil in jedem Auge. Genau das läßt Ihre Augen blitzen. Probieren Sie es einmal mit einer Freundin aus. Schauen Sie sie an und sprechen Sie von einem Auge zum anderen und wieder zurück – von Auge zu Auge zu Auge... Bitten Sie sie, dasselbe mit Ihnen zu machen. Sie sehen plötzlich, wieviel lebhafter ihr Gesicht erscheint, wenn sie mit Ihnen spricht. Und um wieviel tiefer sie Sie berührt.

Der Leiter der Medizinischen Fakultät der Mt. Sinai Medical School lud mich vor kurzem ein, vor den 350 Medizinstudenten im zweiten Studienjahr darüber zu sprechen, wie man am besten mit Patienten umgeht. Wir alle wissen, daß die Ärzte ihren Patienten sehr selten direkt ins Gesicht sehen. Sie rücken etwas auf ihrem Schreibtisch zurecht, beantworten Telefonanrufe, machen sich auf einem Block Notizen; sie tun alles, nur nicht sich auf ihre Patienten konzentrieren. Ich riet den Studenten: »Behandeln Sie Ihre Patienten ›mit Herz‹. Der Patient muß das Gefühl bekommen, daß er im Moment in diesem Zimmer die einzige Person ist, die für Sie zählt.«

Dann zeigte ich ihnen die Übung, von Auge zu Auge zu blicken. Als sie bei sich gegenseitig bemerkten, wie dies das Herz ansprach, waren sie völlig überwältigt. Der Institutsleiter sagte darauf: »Dies ist das Wichtigste, was man diesen jungen Leuten mit auf den Weg geben kann.« Dann fügte er hinzu: »Als nächstes müssen Sie das den Ärzten und Professoren beibringen, denn die sprechen auch alle mit abgewandten Augen.«

Wohin soll ich schauen, wenn ich vor einer großen Gruppe spreche?

Auf diese Frage gibt es viele unbrauchbare Antworten. »Nehmen Sie ein freundliches Gesicht, das Sie anblickt, und sprechen Sie mit ihm«, empfehlen manche Experten. Andere sagen: »Sprechen Sie zu ihren Nasen.« Und wieder andere raten: »Sprechen Sie über die Köpfe hinweg zum hinteren Teil des Raumes.« Alles falsch!

Als erstes gilt: Ihre Augen sollten so oft wie möglich nach vorne gerichtet sein. Doch nur nach vorne ist nicht genug. Lassen Sie beim Reden Ihren Blick schweifen. Was heißt das? Lassen Sie Ihren Blick langsam von einer Seite des Raumes auf die andere Seite schweifen, als ob Sie das Publikum mit Ihrem Blick umarmen wollten.

Das geht so: Werfen Sie einen kurzen Blick auf Ihre Notizen, beginnen Sie zu reden, blicken Sie dann auf und lassen Sie Ihren Blick langsam übers Publikum gleiten, kurzer Blick nach unten, hochschauen und den Blick schweifen lassen... und so weiter, einen Satz nach dem anderen.

Passen Sie dabei auf, daß Sie nicht über die Köpfe der Zuhörer hinwegsehen. Mit jedem Augenpaar im Raum muß es zu einem kurzen Kontakt kommen. Was meine ich mit Kontakt? Was passiert z. B., wenn Sie einem attraktiven Geschöpf des anderen Geschlechts auf der Straße begegnen? Es kommt zu einem kurzen Augenkontakt, die Augen registrieren, daß der andere da ist. Sie geben oder empfangen eine Botschaft.

Dieser kurze Moment des Augenkontaktes gibt Ihren Zuhörern das Gefühl, daß Sie jeden einzelnen von ihnen direkt ansprechen. Auch diejenigen, die ganz hinten im Raum sitzen und Ihre Augen nicht einmal richtig sehen können, werden merken, daß Sie versuchen, den Kontakt mit ihnen herzustellen. Das Schweifenlassen des Blickes gibt den Rhythmus für die Aufmerksamkeit der Zuhörer vor. Der Zuhörer weiß, daß Ihr Blick wieder zu ihm zurückkehren wird, deshalb wartet er aufmerksam auf diesen Moment. Sie konzentrieren sich auf den Zuhörer, und er konzentriert sich auf Sie. Als Belohnung gehört ihnen die Aufmerksamkeit Ihres Zuhörers, und Sie haben das Gefühl, alles im Griff zu haben.

Der Chef einer großen Firma, die Klimaanlagen herstellt, wurde eines Tages von seiner Frau zu mir gebracht. Er war ein schlechter Redner, der nie mit seinem Publikum kommunizierte, da er es nie ansah. Sobald er meine Methode, mit den Augen zu sprechen, erlernt hatte, hielt er glänzende Vorträge. Als er zu seiner letzten Sitzung zu mir kam, kam seine Frau auch mit. Sie sagte, sie wolle sich bei mir bedanken, denn ihre Kinder bekämen zum erstenmal in ihrem Leben die Augen ihres Vaters zu sehen, wenn er mit ihnen bei Tisch spreche.

Dieser Mann kam, um bessere Vorträge für seine Firma halten zu können, doch auch seine Familie konnte davon profitieren.

Soll ich während meiner Rede lächeln?

Haben Sie jemals bemerkt, wie viele Topmanager und Firmenchefs in der Öffentlichkeit auftreten mit einem Gesicht in ›Manager-Neutralstellung‹, das absolut nichtssagend ist? Der Zuhörer wird von so einem nichtssagenden Gesicht abgelenkt und verhält sich entsprechend.

So, wie Sie das Publikum ansehen, wird das Publikum auch wieder zurückblicken. Lassen Sie Ihr Gesicht lebhaft erscheinen – und um so wahrscheinlicher werden auch Sie lebhafte Gesichter im Publikum sehen. Ihrem Gesicht Lebendigkeit zu verleihen ist die beste Kosmetik, die es gibt, und sie kostet keinen Pfennig. Ihren Zuhörern vermittelt das die Botschaft: Ich freue mich, hier zu sein. Ich freue mich, daß Sie hier sind.

Es gibt einen Unterschied zwischen einem lebendigen Gesicht und einem lächelnden Gesicht. Ein lächelndes Gesicht sieht oft langweilig aus. Ein Lächeln kann auch oft zu einem Grinsen ausarten.

Lebendigkeit wird durch das ganze Gesicht vermittelt. Dieser Ausdruck entsteht nicht nur mit Hilfe der Augen, sondern auch um den Mund herum und mit dem ganzen Gesicht. Es gibt Ihrem Zuhörer zu verstehen, daß Sie sich wohl fühlen und glücklich sind, genau da zu sein, wo Sie im Moment sind, nämlich am Rednerpult, am Konferenztisch oder gegenüber am Schreibtisch.

Neuere Forschungsergebnisse haben ergeben, daß der Ausdruck auf Ihrem Gesicht auch Ihr eigenes Wohlbefinden beeinflussen kann. Die Forscherin Patricia Ruselli führte eine Studie am Allegheny College durch, wo sie mehreren Probanden einen traurigen Diavortrag vorführte. Die Hälfte der Personen bat sie, während des Vortrages einen finsteren Blick aufzusetzen, die andere Hälfte sollte normal blicken.

Nach der Diashow berichtete Ruselli, daß sich die Zuschauer mit ›finsterem Blick‹ trauriger fühlten als die anderen und ihre traurige Stimmung mehrere Stunden anhielt. Was bedeutet das? Es könnte bedeuten, daß das Gehirn sensorische Informationen von den Gesichtsmuskeln und der Haut erhält. Vielleicht können unsere Gesichter uns sagen, wie wir uns fühlen sollen, anstatt, wie bisher angenommen, der Spiegel unserer Gefühle zu sein.

Wie kann ich ein wohlwollendes Gesicht in einer schwierigen oder gar feindseligen Situation einsetzen?

Ihr Gesicht kann eine wirkungsvolle Waffe zur Abwehr von Feindseligkeit sein, sei es aus dem Publikum, von einem Interviewer oder von einem Chef. Während der Nixon-Regierung bereitete ich regelmäßig Mitarbeiter im Außenministerium auf Treffen mit dem damaligen Außenminister Henry Kissinger vor. Kissinger hatte die Tendenz, viele Menschen einzuschüchtern. Kam einer seiner Mitarbeiter etwas nervös in sein Büro, so war dies meist ein Anlaß zur Einschüchterung. Ich schlug also vor, sie sollten mit wohlwollendem Gesicht in sein Büro gehen. Ein wohlwollendes Gesicht sagt: Ich verstehe dich. Es übermittelt das Gefühl guten Willens oder positiver Erwartung. Es funktionierte.

Wenn mein Erscheinungsbild und meine Vortragsweise stimmen, kann ich dann meine Zuhörer überzeugen?

Bei einem Seminar, das ich vor kurzem in Toronto abhielt, erklärte mir der Geschäftsführer einer Forschungsfirma, Überzeugung entstehe zu 8 % durch den Inhalt, zu 42 % durch das äußere Erscheinungsbild und zu erstaunlichen 50 % durch die Art, wie man etwas vorbringt. Sie werden fragen: Was? Nur 8 % durch den Inhalt? Na ja, für Politiker scheinen 8 % genug zu sein, Wähler lassen sich sowieso mehr durch die Person und deren Auftreten beeinflussen. Aber wie sieht es bei Produktvorführungen aus? Zählt der Inhalt wirklich so wenig? Sagen wir einmal, zwei Geschäftsmänner versuchen beide, denselben Auftrag zu bekommen. Der Inhalt ihres Vortrags ist gleich gut. Wer bekommt den Auftrag? Derjenige, der die stärkere Präsenz und die vier Aspekte der positiven Ausstrahlung aufweist.

Neulich fragte ich beim Mittagessen den Geschäftsführer eines großen Unternehmens, worauf er bei einem Vortrag besonders achte. Er antwortete: »Ich bin es leid, bei Vorträgen mit Anschauungsmaterial bombardiert zu werden. Ich gehe danach, welchen Eindruck der Vortragende auf mich macht.« Eine Umfrage in der Zeitschrift *Advertising Age* bei Kunden, die Werbeagenturen anheuern, bestätigt dies. Eine große Anzahl von Kunden sagte, daß sie das Werbeteam auswählten, das am meisten Begeisterung und Energie zeigte.

Wie weiß ich, wie ich bei meinem Vortrag wirke?

»Man muß versuchen, sich immer objektiver zu sehen, sich selbst zu betrachten, als handele es sich um eine andere Person«, sagte Sigmund Freud.

Die beste Möglichkeit, sich selbst objektiv zu sehen, ist

die Kamera. Schon seit der Zeit, als ich meine Arbeit mit ›Speech Dynamics‹ in einem kleinen Salon des St. Moritz Hotels im Jahre 1966 begann, verwende ich Kameras in meinen Seminaren. Die Idee habe ich von meinem Vater. Er war Chirurg und Anatomieprofessor. Er war einer der ersten, der eine Kamera im Operationssaal benutzte, um chirurgische Techniken aufzuzeichnen. Daraus entstanden mehr als 600 Lehrfilme.

Ich kann mich noch erinnern, wie ich mir als Kind diese Filme ansah. Vor allem die ›Vorher-Nachher-Aufnahmen‹ hatten es mir angetan, bei denen Leute gezeigt wurden, deren Gesicht durch Schönheitsoperationen verschönt worden war. Diese Vorher-Nachher-Bilder machten einen solchen Eindruck auf mich, daß ich diese Idee 20 Jahre später für meine Kunden übernommen habe. Unsere Vorher-Nachher-Videofilme zeigen Verwandlungen, die einem Wunder gleichen, und das in nicht mehr als 24 Stunden.

Besorgen Sie sich eine Videokamera. Wenn Sie selbst keine haben, können Sie sich vielleicht eine übers Wochenende mieten oder von einem Freund ausleihen. Nun brauchen Sie nur noch jemanden, der für Sie den Kameramann spielt. Halten Sie eine vierminütige Rede vor einem imaginären Publikum. Dies wird Ihr Vorher-Bild. Die Kamera zeigt Ihnen ein Bild von sich selbst, wie andere Sie sehen. Wenn Sie sich selbst auf dem Film sehen, werden Sie Ihre Stärken und Schwächen erkennen. Ich möchte, daß Sie Ihre Stärken behalten, und werde Ihnen zeigen, wie Sie Ihre Schwächen loswerden.

Machen Sie noch eine Videoaufnahme, wenn Sie das ganze Buch durchgearbeitet haben. Das wird dann Ihr Nachher-Bild. Sie können dann beide miteinander vergleichen, und ich glaube, Sie werden erstaunt sein über die Veränderungen, die Sie bei sich feststellen werden.

Nicht vergessen:

Die vier ›Botschaften‹ der Ausstrahlung eines überzeugenden Sprechers sind:

- Freude und Gelöstheit;
- Aufrichtigkeit, Glaubwürdigkeit, Anteilnahme;
- Begeisterung, Energie, Intensität;
- Autorität.

Die fünf Signale zur Übermittlung dieser ›Botschaften‹ sind:

- Gedanken, Bilder, Sprache;
- äußere Erscheinung;
- Sprachstil;
- Augen;
- Gesicht.

Welche Fragen soll ich dem Organisator der Veranstaltung stellen, bei der ich reden soll?

1. Wer ist mein Publikum?

Nachdem ich einmal eine Einladung zu einem Vortrag vor dem Verein ›Amerikanische Frauen in der Wirtschaftsentwicklung‹ im Sheraton Hotel angenommen hatte, fragte ich, mit was für einem Publikum ich zu rechnen hätte. Man sagte mir, es sei eine Gruppe erfolgreicher Geschäftsfrauen zwischen 30 und 50. Mein erster Satz lautete daraufhin: »Nachdem ich herausgefunden hatte, vor welchem Publikum ich heute sprechen würde, habe ich meine Bluse noch mal weggegeben und ein zusätzliches Paar Schulterpolster einnähen lassen.« Wenn Sie wissen, vor welchem Publikum Sie sprechen werden, können Sie Ihren Vortrag genau auf Ihre Zuhörer zuschneiden.

Geben Sie Ihren Zuhörern etwas – ein Bild, eine Idee –, was sie mit nach Hause nehmen können.

2. Wie viele Zuhörer werden es sein?

Wenn Sie wissen, wie viele Zuhörer in etwa kommen werden, können Sie Ihre Rede so vorbereiten, daß Sie jeden einzelnen mit einbeziehen, und es erspart Ihnen böse Überraschungen in der letzten Minute. Hätte ich mich bei einer Gelegenheit, als ich vor der Amerikanischen Gesellschaft der Reiseveranstalter in Acapulco sprach, nicht vorher darüber erkundigt, so wäre ich bestimmt vor Schreck in Ohnmacht gefallen, als ich am Rednerpult stand und mir mehrere tausend Gesichter entgegenblickten.

So jedoch war mein Vortrag genauso warm und persönlich, als hätte ich vor einem Publikum von nur 10 bis 15 Leuten gesprochen. Zwei Manager von großen Fluggesellschaften waren vor mir mit dem Reden dran und hielten sehr förmliche Vorträge mit Hilfe von teuren visuellen Hilfsmitteln und zwölf Videobildschirmen. Trotz des Einsatzes dieser ausgefeilten Technik in ihrer Multimedia-Darbietung bekam ich die besten Noten von den Zuhörern. Ich glaube, es lag daran, daß ich mit ihnen sprach und nicht auf sie einredete.

3. Wer spricht außer mir noch bei dieser Veranstaltung? Worüber wird er sprechen?

Der Vorsitzende der amerikanischen Fernsehgesellschaft CBS, William Paley, sprach in einem Abendprogramm direkt nach Harry Gray, dem Firmenchef des amerikanischen Unternehmens United Nuclear. Als Gray seine Rede beendet hatte, stand Paley auf und hielt genau dieselbe Rede über genau dasselbe Thema noch einmal. Während Gray sprach, hätte Paley die Zeit dazu benutzen sollen, seine Rede abzuändern. Oder er hätte es so machen können wie ein Bekannter von mir in derselben Situation. Er stand auf und sagte: »Ich möchte Herrn Smith dafür danken, daß er meine Rede gehalten hat. Ich möchte nur noch einige Kommentare dazu geben.« Das Publikum wäre ihm sicher dankbar dafür gewesen, denn als Paley seine Rede begann, war es bereits 23.30 Uhr, viel zu spät für jeden Sprecher, um noch eine lange Rede zu halten.

4. In welcher Reihenfolge werden die Redner sprechen?

Wenn Sie die Wahl haben, sprechen Sie als erster. Das Publikum ist noch frisch und aufmerksam, und Sie können als erster das Programmthema anschneiden. Außerdem müssen Sie nicht dem Vergleich mit einem starken Redner, der vor Ihnen dran war, standhalten.

Der Enkel von General Johnson, Gründer der amerikanischen Firma Johnson & Johnson, kam zu mir mit einer Rede, die er anläßlich der Einweihung eines neuen Krankenhauses zu halten hatte, das den Namen der Johnsons tragen sollte. Er machte sich Sorgen, weil er nach dem Geschäftsführer der Firma, James Burke, einem früheren Kunden von mir, mit seiner Rede an der Reihe war, der als fesselnder und überzeugender Sprecher bekannt ist.

Bob hatte überhaupt noch keine Erfahrung mit Reden in der Öffentlichkeit. »Wie mache ich es nur, daß mir das Publikum zuhört?« fragte er mich. Ich antwortete: »Du wirst da hoch gehen und dir Respekt verschaffen.«

Wir überarbeiteten seine Rede nach dem Sarnoff-Muster (siehe S. 51 ff.). Zur Übung trug er die Rede viermal laut vor, als ob er wirklich vor dem Publikum stünde; er wandte alle psychischen und physischen Mittel an, um seine Nervosität unter Kontrolle zu halten, und bekam rauschenden Beifall.

5. Wie lange soll ich sprechen?

Finden Sie heraus, wie lange die anderen Redner sprechen werden. Jede Rede oder jeder Vortrag, der länger als 20 Minuten dauert, stellt die Geduld Ihrer Zuhörer auf die

Probe. 40 Minuten sind das absolute Maximum, wenn Sie viele Informationen weitergeben wollen.

Quälen Sie Ihre Zuhörer nicht mit einer langen Rede. Ihr Vortrag mag oft schon deshalb besonders geschätzt werden, weil er kurz und prägnant ist. Eine Grundweisheit im Showbusineß lautet: »Die Zuschauer sollten es immer bedauern, wenn die Show zu Ende ist.« Und auch Goethe empfahl: »Der Redner schließe, wenn das Publikum noch mehr hören möchte.«

6. Gibt es eine Garantie dafür, daß ich richtig vorgestellt werde?

Wenn andere Leute einen Redner vorstellen, weckt dies in den seltensten Fällen das Interesse der Zuhörer an ihm. Nachdem ich nun jahrelang von schlechtinformierten und langweiligen Rednern vorgestellt wurde, schreibe ich inzwischen meine eigenen Texte dafür und schicke sie im vorhinein an den Organisator. Das können Sie auch machen. Schreiben Sie, was Sie bisher gemacht haben, welche Erfolge Sie bisher hatten, was Ihre Interessen sind und vielleicht noch etwas Humorvolles oder Unerwartetes, um sich vorzustellen. Ein Kunde, der einen berühmten Finanzexperten vorzustellen hatte, erwähnte dessen herausragende Arbeit in der Welt der Finanzen und seine vielen Erfolge und schloß mit der Bemerkung: »Aber der größte Erfolg seines Lebens ist, daß er nur noch alle zehn Minuten eine Zigarette raucht. Hiermit übergebe ich an....«

7. Zu welcher Tageszeit werde ich sprechen?

Auch die Tageszeit, zu der man spricht, ist wichtig. Am frühen Morgen braucht man mehr Energie und Schwung. Vor dem Mittagessen ist es am leichtesten. Die Zuhörer sind wach und aufmerksam.

Nach dem Mittagessen sind die Leute schläfrig, und man muß mit viel Energie sprechen. Nach 16.00 Uhr fangen sie an, in sich zusammenzusacken; dann muß man kurz und mitreißend sein. Vorträge am Abend sollten immer kurz sein, zwischen 15 und 20 Minuten, und vor allem nicht einschläfern. Bei Reden nach dem Abendessen muß man aufpassen. Es kann sein, daß man einem allzu entspannten Redner folgen muß, der zuviel Wein erwischt hat. Eine 45minütige Rede ist eindeutig zu lang. Ich mußte einmal nach einem Redner sprechen, der 40 Minuten lang mit dröhnender Stimme sprach und damit alle Zuhörer einschläferte. Danach mußte ich nach vorne gehen und sie mit einem Schwall von Energie und noch mehr Schwung wieder aufwecken – aber ich bekam sie wach.

Ein letzter Ratschlag: Wenn der Programmveranstalter anruft, um den Titel Ihres Vortrags zu erfahren, legen Sie sich nicht auf ein zu spezifisches Thema fest. Ich nenne z. B. oft den Titel ›Kleine Dinge haben große Bedeutung‹. So habe ich viel Freiraum und kann reden, worüber ich will.

Soll ich meine Rede auswendig lernen?

Wie umfangreich die Notizen sind, die Sie mit zum Rednerpult nehmen, hängt davon ab, wie gut Ihr Gedächtnis ist. Der frühere Gouverneur von Texas, John Connally, braucht eine Rede nur einmal anzuschauen, und schon kann er sie völlig frei halten. Er hat ein photographisches Gedächtnis und braucht überhaupt keine Notizen. Aber die meisten Menschen brauchen eine Vorlage, die ihren Augen beim Reden schnell die gewünschte Information liefert.

Soll ich nur Stichwörter oder kurze Sätze aufschreiben oder ein ausformuliertes Manuskript mit zum Rednerpult nehmen?

Die meisten Leute gehen mit Manuskripten zum Rednerpult, die in Abschnitte gegliedert sind und von tiefschwarz durchgestrichenen Wörtern oder Sätzen und sonstigen Korrekturen nur so wimmeln. Doch genau das ist das erste, worauf Ihre Aufmerksamkeit gelenkt wird und wodurch Sie beim kurzen Blick nach unten, um den nächsten Satz zu finden, abgelenkt werden. Der amerikanische Schriftsteller Herman Wouk meint hierzu: »Ein Wort auf einer Seite zu suchen, ist wie vor seiner Haustür zu stehen und alle Taschen nach dem Schlüssel dafür zu durchwühlen. Möglicherweise ist die Suche erfolglos.«

Das Manuskript sollte der Freund des Redners sein und ihm Vertrauen einflößen. Was Sie für das Rednerpult brauchen, ist das, was ich ›Fast Food für die Augen‹ nenne – ein Manuskript speziell für diese Situation, das es Ihnen ermöglicht, den nächsten Satz schnell zu finden.

Hier ein Beispiel, wie Ihre Aufzeichnungen für das Rednerpult, für den Konferenztisch oder für den Besuch im Büro eines Kunden aussehen könnten:

1. Guten Morgen! Sie sehen aus, als seien Sie alle viel in der Welt unterwegs.
2. Verbringen Sie viel Zeit im Flugzeug, sei es aus geschäftlichen oder privaten Gründen?
3. Und fühlen Sie sich bei der Ankunft meist wie benebelt ... betäubt ... verwirrt – ein Opfer des Jet-Lag?
4. Das muß nicht sein!
5. Sie können sich nach einem langen Flug genauso gut fühlen wie beim Antritt Ihrer Reise.
6. Sie können nach San Francisco fliegen ... nach Sydney ... oder nach Tokio und sich genauso fit fühlen, als hätten Sie gerade 8 Stunden geschlafen.
7. Und was ist der Trick?
8. Der Trick ist die Jet-Lag-Diät. Sie wurde von Wissenschaftlern der Universität von Chicago entwickelt.

Wie mache ich aus meinem Manuskript ›Fast Food für die Augen‹?

Sprechen Sie sich Ihre Rede laut vor. Fügen Sie überall dort einen Schrägstrich ein, wo sie eine Pause oder Atempause machen wollen. Gehen Sie so Ihren ganzen Text durch. Auf diese Weise wird Ihre Rede in sinnvolle Redeabschnitte untergliedert.

Schreiben Sie alles mit Filzstift in Großbuchstaben und lassen Sie nur wenig Rand links. Machen Sie die Buchstaben ungefähr 1 cm groß. Untergliedern Sie Ihren Text in sinnvolle Redeabschnitte. Numerieren Sie die Abschnitte durch und lassen Sie zwischen den Abschnitten jeweils eine Zeile frei.

Ich kam auf diese Idee, als ich beim Theater arbeitete. Als ich dem Schauspieler Bob Hope bei den Dreharbeiten für eine Show im Madison Square Garden zuschaute, konnte ich beobachten, wie er beschriftete Tafeln benutzte, die auf diese Weise geschrieben waren – große schwarze Buchstaben auf großen weißen Papptafeln. Die Tafeln waren in strategischer Anordnung rings um die Bühne verteilt. Hope las von ihnen ab, aber es sah so aus, als spreche er frei.

Ich habe diese Idee für die Manuskripte meiner Kunden etwas abgewandelt und nenne das ganze ›Phrasierungssystem‹. Das ist mein System, um aus einer Rede ›Fast Food für die Augen‹ zu machen. Ich halte keine Rede ohne ein solches Manuskript, und ich habe in meinem Leben etwa 1400 Reden gehalten. Es ist mein Freund auf dem Rednerpult. Es füttert mich Abschnitt um Abschnitt, und so kann ich fast die ganze Zeit den Blick ins Publikum richten.

Mit einem so strukturierten Text auf dem Rednerpult wird es Ihnen leichtfallen, mit einem kurzen Blick nach unten den nächsten Abschnitt zu erfassen, und dann können Sie beim Reden hochblicken ins Publikum und Ihren Blick schweifen lassen. Mit dem linken Zeigefinger gehen Sie Punkt für Punkt nach unten und wissen so immer, wo es weitergeht. Sie müssen nun nicht mehr verzweifelt danach suchen, wo der nächste Satz beginnt, und verlieren sich nicht mehr in einem Wust von Wörtern. Zu jeder Minute werden Sie wissen, wo Sie gerade sind.

Der Verlag Oxford University Press benutzt dieses Phrasierungssystem auch für seine 1979 erschienene Ausgabe der ›Washburn College Holy Bible‹. Sie nennen sie ›Moderne Phrasierte Ausgabe‹. Diese Art der Phrasierung soll leichteres Lesen und Betonen ermöglichen. Übertragen auf die Luther-Bibel, würde dies folgendermaßen aussehen:

EIN PSALM DAVIDS

23:1 *Der Herr ist mein Hirte,*
mir wird nichts mangeln.

2 *Er weidet mich auf einer grünen Aue*
und führet mich zum frischen Wasser.

3 *Er erquicket meine Seele.*
Er führet mich auf rechter Straße
um seines Namens willen!

4 *Und ob ich schon wanderte im finsteren Tal,*
fürchte ich kein Unglück;
denn du bist bei mir,
dein Stecken und Stab trösten mich.

5 *Du bereitest vor mir einen Tisch*
im angesicht meiner Feinde.
Du salbest mein Haupt mit Öl
und schenkest mir voll ein.

6 *Gutes und Barmherzigkeit werden mir folgen*
mein Leben lang,
und ich werde bleiben im Hause des Herrn
immerdar.

EIN PSALM DAVIDS, vorzusingen

19:1 *Die Himmel erzählen die Ehre Gottes,*
und die Feste verkündigt seiner Hände Werk.

2 *Ein Tag sagt's dem andern,*
und eine Nacht tut's kund der andern,

3 *ohne Sprache und ohne Worte;*
unhörbar ist ihre Stimme.

4 *Ihr Schall geht aus in alle Lande*
und ihr Reden bis an die Enden der Welt.
Er hat der Sonne ein Zelt am Himmel gemacht.

Das Phrasierungssystem ist ein Segen für Legastheniker. Ein ausländischer Premierminister kam einmal zu mir, um eine wichtige Rede vorzubereiten. Als ich ihn bat, mir die Rede vorzulesen, gestand er, daß er nicht lesen könne. Ich fragte ihn: »Wie halten Sie dann Ihre Reden?« Er antwortete: »Ich habe einen Assistenten, der sie mir vorliest, und ich lerne sie dann auswendig.« Er wußte nicht, daß er Legastheniker war. Wir versuchten es mit dem Phrasierungssystem, und zum erstenmal in seinem Leben war er in der Lage, seine Rede vom Blatt abzulesen.

Ich hatte einen anderen Legastheniker als Kunden, der fürchterliche Angst davor hatte, vom Manuskript hochzublicken vor lauter Sorge, er könne die Stelle, an der er stehengeblieben war, nie mehr wiederfinden. Mit dem Phrasierungssystem schaffte auch er es, fast immer nach vorne zu blicken.

Das Phrasierungssystem hilft auch Menschen mit anderen Sprachfehlern. Den Chef einer großen Immobilienfirma, der zu stottern anfing, sobald er eine Zahl lesen sollte, ließ ich die Zahlen nach dem Phrasierungssystem ausschreiben, und er konnte sie, ohne zu stottern, ablesen.

Wenn Sie sich eine Weile mit Ihrer Rede beschäftigt haben, werden Sie merken, daß die Anordnung der Abschnitte vor Ihrem geistigen Bildschirm erscheint. Ihr Ohr wird sich den Klang der einzelnen Abschnitte nach dem Sprechrhythmus einprägen. Und so werden Sie alles im Gedächtnis behalten können.

Haben Sie erst einmal ein paar Reden nach diesem System umgeschrieben, dann werden Sie sich schon bald daran gewöhnen, sich Ihre Reden in Form solcher Abschnitte auszudenken und niederzuschreiben. Sie brauchen dann nur noch halb soviel Zeit zum Verfassen einer Rede.

Manche Menschen sind in der Lage, Reden mit Hilfe von Stichwörtern oder Stichwortzetteln zu halten. Aber

Stichwörter geben dem Redner nicht denselben Impuls wie sinnvolle Redeabschnitte. Und was machen die Augen, wenn man seine Rede anhand von Stichwörtern hält? Sie sind zwar nach vorne gerichtet, aber ein Augenkontakt mit dem Publikum kommt nicht zustande. Anstatt nach außen gerichtet zu sein, um die Zuhörer in Bann zu halten, ist der Blick nach innen gerichtet, weil man versucht, sich zu erinnern, was als nächstes kommt. Während man nach dem nächsten Gedanken sucht, entstehen Redepausen, die mit einem zögernden ›Äh‹ überbrückt werden, und dadurch geht der Schwung verloren.

Ist die Rede nun nach dem Phrasierungssystem in sinnvolle Redeabschnitte untergliedert, so sollte sie auf keinen Fall zusammengeheftet oder mit einer Büroklammer zusammengehalten werden. Denn ist man am Rednerpult am Ende einer Seite angelangt, so sollte es möglich sein, sie möglichst geräuschlos zur Seite zu schieben.

Um noch leichter von einer Seite zur nächsten übergehen zu können, mache ich Eselsohren in die rechte untere Ecke jedes Blattes. Ich biege das Papier ein bißchen hoch, so daß ich es, ohne nach unten sehen zu müssen, leicht greifen kann. Wenn Sie mit dem Blick ins Publikum sprechen, werden Ihre Zuhörer es nicht einmal merken, wenn Sie die Seiten umdrehen.

Nicht vergessen:

Verwenden Sie das Phrasierungssystem:

- Die Rede in sinnvolle Abschnitte untergliedern;
- mit Filzstift in großen Druckbuchstaben auf liniertes Papier schreiben;
- schwarze Kleckse und durchgestrichene Wörter vermeiden;
- Abschnitte in sinnvolle Zweier- und Dreiergruppen untergliedern und durchnumerieren;
- zum leichteren Umblättern Eselsohren in jede Seite machen.

Zweite Stufe

Üben – Wie übe ich wie ein Profi?

Was bringt leises Üben?

Schon früh lernte ich in meiner Gesangskarriere, daß ich Arien durch andauerndes, leises Vor-mich-hin-Summen besser behalten konnte. Auf diese Weise habe ich 13 Opern in der U-Bahn von und zu den Proben einstudiert.

Forschungsergebnisse haben gezeigt, daß man Texte durch lautes Vorsagen oder leises Vor-sich-hin-Murmeln besser im Gedächtnis behalten kann. Eine Untersuchung, die Arthur Whimbey und Jack Lochhead an der Xavier-Universität von New Orleans durchführten, hat ergeben, daß Studenten, die sich ihren Lernstoff laut vorsagten, mehr lernten und ihn sich besser merken konnten als andere.

Whimbey führte die Methode des Laut Vorsprechens in einem Kurs ein, der die Studenten auf ihr Studium vorbereiten sollte. Bei vielen dieser Studenten nahm das Verständnis danach um zwei Stufen zu, und im Studiums-Eignungstest konnten sie ihre Ergebnisse bis zu 14 % verbessern. »Leute, die laut vor sich hin sprechen, lernen auch gut«, schloß Whimbey daraus.

Wie soll ich meine Rede üben?

Als ich zu meiner allerersten Probe für ein Broadway-Stück ging, war ich völlig bestürzt darüber, daß alle Schauspieler außer mir ihre Rollen auswendig gelernt hatten. Ich entschuldigte mich beim Regisseur. Er sagte daraufhin etwas, was ich nie vergessen werde: »Nicht auswendig lernen ist wichtig, sondern sich mit seiner Rolle vertraut machen. Sprechen Sie sich Ihren Part viermal laut vor, dann sitzt er.«

Was erhält man, wenn man beim englischen Wort für ›üben‹, ›rehearse‹, die letzten beiden Buchstaben wegstreicht? Man erhält das Wort ›rehear‹, was soviel heißt wie ›immer wieder hören, noch einmal hören‹. Indem Sie sich Ihren Text viermal hintereinander laut anhören, eignen Sie ihn sich an. So macht man sich mit einem Text vertraut. Wenn Ihnen der Text vertraut ist, haben Sie ihn im Griff. Ihre Rede klingt spontan, nicht auswendig gelernt.

Sprechen Sie sich Ihre Rede viermal laut vor, als ob Sie wirklich vor einem Publikum stünden, d. h. sprechen Sie im Stehen und stellen Sie sich vor, sehr skeptische Gesichter würden Ihnen entgegenblicken. Danach sitzt die Rede.

Werde ich mir die Rede nach viermaligem lauten Vorsagen wirklich merken können?

Ja. Es gibt zwei Schritte, die Ihnen dabei helfen, Ihre Rede im Gedächtnis zu behalten. Der erste Schritt ist das visuelle Erfassen Ihrer Rede. Prägen Sie sich ein Bild vom Aufbau Ihrer Rede ins Gedächtnis ein.

Der zweite Schritt ist das akustische Erfassen durch den Sprechrhythmus. Ihr Ohr prägt sich den Rhythmus und Klang jedes einzelnen Sprechabschnitts ein.

Wenn Sie bei der Auskunft anrufen und nach einer Telefonnummer fragen, wie merken Sie sich dann die Telefonnummer, wenn Sie keinen Bleistift zur Hand haben? Sie erfassen den Rhythmus der Zahlenfolge: 555-2637 – und wiederholen sie immer wieder, während Sie wählen. Sie gehen also nach dem Rhythmus.

Visuelles Erfassen durch den Aufbau –
akustisches Erfassen durch den Rhythmus

Was kann ich tun, damit ich beim Sprechen aus dem Manuskript herausschaue?

Die Redeabschnitte auf Ihrem Blatt bestimmen den Rhythmus für Ihre Augen und Ihren Mund. Wenn Sie wirklich viermal geübt haben, müßte Ihnen der Text eigentlich vertraut sein, und Sie können dann beim Sprechen fast die ganze Zeit ins Publikum schauen. Vor allem bei allen Satzanfängen und -enden sowie am Ende von Fragen, Warnungen und Aufforderungen sollten Sie stets Ihre Zuhörer ansehen. Deren Aufmerksamkeit lohnt es Ihnen.

Wie oft muß ich üben, damit es spontan klingt und ich mich sicher fühle?

Ein Mitteilungsblatt für Topmanager, *Boardroom Reports* (Berichte aus der Vorstandsetage), gab hierzu vor kurzem folgende schlechte Empfehlung: »Üben wird im allgemeinen nicht empfohlen... Ungeprobte Reden haben den Vorteil, frisch und spontan zu klingen, und das ist nur dann der Fall, wenn ein Gedanke zum erstenmal formuliert wird.«

Das ist Unsinn. Um spontan klingen zu können, muß man üben. Und das nicht nur einmal. Allzu viele Manager glauben, es genüge, sich die Rede oder den Vortrag im Flugzeug auf dem Weg zum Meeting noch einmal durchzulesen. Das läßt sie jedoch nicht spontan klingen, sondern nur unvorbereitet.

Hätte der griechische Rhetoriker Demosthenes die gleiche Vorstellung vom Üben gehabt, so wäre er wohl nie der überzeugendste Staatsmann seines Landes geworden. Er zog sich drei Monate lang in einen unterirdischen Raum zurück, um die Redekunst zu erlernen. Um sicherzugehen, daß er nicht herauskommen würde, bevor er sein Ziel erreicht hatte, rasierte er sich die Haare auf einer Seite des Kopfes ab. Als das Haar wieder nachgewachsen war, kam Demosthenes aus seiner Höhle heraus und war ein vollendeter Redner.

Bereits im Jahre 1770 zog der Autor des Buches *The Art of Speaking* öffentliche Redner zur Rechenschaft, weil sie dem Üben zu wenig Aufmerksamkeit schenkten:

> Schauspieler proben und üben immer wieder, bevor sie schließlich vors Publikum treten. Aber es gibt, wie ich glaube, keine anderen öffentlichen Sprecher unter uns, die soviel Mühen auf sich nehmen, obwohl sie alles daran setzen, ihre Gelehrsamkeit zu verbessern. Dies zeigt jedoch nur, daß die Vernachlässigung dieser Aufgabe mehr auf die mangelnde Erkenntnis ihrer Nützlichkeit zurückzuführen ist als auf irgendeine andere Ursache.

Sie müssen sich nicht wie Demosthenes drei Monate in eine unterirdische Höhle zurückziehen, um Ihre Rede vorzubereiten. Aber um am Rednerpult das Interesse Ihrer Zuhörer wecken und wachhalten zu können und dabei nicht nervös zu sein, müssen Sie viermal laut üben.

Wie kurz vor meinem wirklichen Auftritt sollte ich zum letztenmal üben?

So kurz zuvor wie möglich. Wenn Sie Ihre Rede um 9.00 Uhr morgens halten sollen, stehen Sie um 6.00 Uhr auf und gehen Sie das Ganze noch einmal durch. Dann werden Ihre Notizen Ihr Freund auf dem Rednerpult sein.

Haben Sie zum letztenmal am Tag vorher geübt, so sind Ihnen Ihre Notizen bis zu Ihrem Auftritt schon wieder ein bißchen fremd geworden, und die Rede klingt steif. Geht man das Ganze jedoch kurz vor dem Auftritt noch einmal durch, werden die Notizen zu ›Fast Food für die Augen‹.

Viele Manager sagen mir, sie hätten keine Zeit zum Üben. Ich antworte ihnen darauf: »Wenn Sie keine Zeit zum Üben haben, sollten Sie die Einladung zu einem Vortrag erst gar nicht annehmen.« Der ehemalige Vorsitzende von Ogilvy & Mather, Jock Elliot, bereitet sich 28 Stunden lang auf eine Rede vor. Er findet die Zeit dazu, und es zahlt sich aus. Er ist einer der besten Redner, die ich kenne.

Wie wichtig ist der Klang der Stimme?

Die verstorbene Kolumnistin Eugenia Sheppard sagte einmal über die Werbespezialistin Mary Wells Lawrence: »Ihre tiefe, wohlklingende Stimme läßt die verrücktesten Ideen absolut realistisch klingen.«

Amerikanern wird z. B. immer die Cello-ähnliche Stimme der Abgeordneten Barbara Jordan während der Anhörungen des Justizausschusses des amerikanischen Abgeordnetenhauses zur Amtsanklage gegen den damaligen Präsidenten Nixon in Erinnerung bleiben. Sie hatte einen tiefen, vollen, weichen Klang, und die Sätze flossen nur so dahin.

Genauso wie der Geist den Körper beeinflussen kann, kann auch der Körper den Geist beeinflussen. Eine schrille, näselnde Stimme kann die gleiche Wirkung auf den Zuhörer haben wie quietschende Kreide auf der Tafel. Aber eine Stimme reich an Obertönen und Brustresonanz beruhigt und liebkost den Körper und den Geist ähnlich wie der Klang eines Cellos.

Einmal kam eine Japanerin zu mir, weil sie lernen wollte, bei Verkaufsgesprächen selbstbewußter aufzutreten. Nie hätte man geglaubt, daß man in ihr eine erfolgreiche, freiberuflich tätige Graphik-Designerin vor sich hatte. Sie machte eher den Eindruck eines scheuen kleinen Mädchens.

Sie erklärte mir, daß in Japan eine Frau, die mit energischer Stimme spricht, als rüde und aggressiv angesehen wird. Ich wies sie darauf hin, daß sie zwar keinen Kimono trage, aber mit einer Kimono-Stimme spreche. Sie habe sich ihre eigene Firma aufgebaut und müsse jeden Tag mit Kunden sprechen, und deshalb sei es nicht angebracht, unterwürfig und zurückhaltend aufzutreten. Dies bedeute jedoch nicht, daß sie Aggressivität ausstrahlen solle, sondern nur ein angenehmes Selbstbewußtsein.

Es gelang ihr, ihre Flüsterstimme abzulegen und so zu sprechen, daß sie ihre eigenen Obertöne hören konnte. Die Kimono-Stimme einer auf Zehenspitzen laufenden Japanerin war verschwunden. Ich empfahl ihr die Teilnahme an einem meiner zweitägigen Seminare, und während dieser Zeit konnte ich ihr beibringen, wie man beim Reden vor einer Gruppe die Stimme zum Tragen bringt. Sie blühte förmlich auf. Ihr wunderschönes Alabaster-Gesicht belebte sich und brachte ihre dunklen Augen zum Leuchten. Das war eine völlig andere Präsentation.

Wie kann ich meiner Stimme mehr Ausdruck verleihen?

Um herauszufinden, wie Sie für andere klingen, sollten Sie Ihre Rede nach dem viermaligen lauten Üben auf Tonband aufnehmen. Spulen Sie zurück und hören Sie sich nun an, wie das Ganze vorgetragen ist. Am besten verkauft sich eine Stimme, die mit Energie zum Tragen gebracht wird, die in Rhythmus und Phrasierung variiert und die Pausen wirkungsvoll einzusetzen weiß.

Wie bringen Sie nun Ihre Stimme zum Tragen? Legen Sie Ihre Hand auf Ihre Zwerchfellmuskeln, etwas unterhalb der Stelle, wo sich der Brustkorb öffnet. Spannen Sie diese Muskeln an, wie Sie es tun würden, wenn Sie ein Boot ruderten. Tun Sie so, als ob Sie die Ruder nach hinten zögen. Die Muskeln werden bei jedem Ziehen der Ruder angespannt. Atmen Sie nun auf ›s‹ aus, während Sie Ihre Muskeln angespannt halten. Es entsteht ein langes zischendes Geräusch. Benutzen Sie diese angespannten Muskeln als Stütze für Ihre Stimme.

Eine Stimme mit viel Brustresonanz ist angenehm. Eine näselnde Stimme hingegen irritiert. Wenn Sie das Gefühl haben, zu sehr durch die Nase zu sprechen, und dies ändern wollen, legen Sie eine Hand auf Ihre Zwerchfellmuskeln und die andere flach auf Ihre Brust. Mit dieser Hand müßten beim Sprechen Schwingungen des Brustbeins zu spüren sein. Probieren Sie einmal folgendes: Sagen Sie *mo-mo-mo* und versuchen Sie, Ihre Brustresonanz zu spüren. Üben Sie immer weiter, bis Sie sie spüren. So können Sie in nur einem Tag eine viel ansprechendere Stimme bekommen.

Dies läßt sich gut anwenden, wenn das Telefon klingelt. Sagen Sie *mo-mo-mo,* bevor Sie den Hörer abnehmen. Sagen Sie *Hallo* beim zweiten *mo.* Die meisten Leute nehmen das Telefon mit einem hohen, fragenden *Hallo?* ab. Ein *Hallo,* das mit dem gleichen Sitz der Stimme wie das zweite *mo* gesprochen wird, vermittelt Wärme. Der Mensch am anderen Ende der Leitung hat sofort den Eindruck, mit einem Freund zu sprechen.

Welche Rolle spielt die Stimme, wenn ich meine Idee, mein Produkt oder meine Dienstleistung gut verkaufen will?

Ein Kritiker, der in einem kalten, ungeheizten Raum saß und seinem Freund beim Vorlesen einer Rede zuhörte, die dieser gerade vorbereitete, schrie irgendwann verzweifelt los: »Mein lieber Freund, entweder du fängst jetzt an, mit mehr Feuer zu reden, oder du wirfst deine Rede ins Feuer; ich kann sonst keine Minute länger in diesem Zimmer bleiben.«

Eine gut geschriebene Rede ist kein Ausgleich für einen monotonen Vortrag. In dem Buch *The Art of Speaking* steht hierzu: »Monotonie entsteht dann, wenn während des gesamten Vortrags ein gleichförmiger Tonfall ohne Auf- und Abbewegung beibehalten wird.«

Die meisten Leute denken, man müsse, um etwas hervorzuheben, lauter oder energischer sprechen, ein bestimmtes Wort hervorheben oder höher sprechen. Bereits um 44 v. Chr. gab der römische Rhetoriker Cicero öffentlichen Rednern den Rat, von Zeit zu Zeit beim Sprechen die Spannung etwas nachzulassen und nicht jeden Abschnitt mit derselben Kraft zu sprechen. Zur besseren Hervorhebung der emphatischen Teile sollten Sie vorgehen wie die Maler, die durch die richtige Verwendung von Licht und Schatten Figuren noch klarer hervortreten lassen können.

Fast jedem, der jemals einen Rhetorikunterricht besucht hat, wurde beigebracht, man müsse zur Emphase mit der Stimme hochgehen. Das ist falsch. Zur Hervorhebung eines bestimmten Wortes oder Ausdrucks sollten Sie mit der Stimme nach unten gehen. Sagen Sie z. B.: »... ein außerordentliches Talent.« Gehen Sie mit der Stimme bei beiden Wörtern nach unten, das unterstreicht ihre Bedeutung.

Gehen Sie bei allem, was Sie hervorheben wollen, mit der Stimme nach unten: bei Adjektiven und Verben, Wörtern vor dem Komma, am Ende eines Redeabschnitts und – das wird Sie bestimmt überraschen – sogar am Ende einer Frage. Auch am Satzende sollten Sie mit der Stimme nach unten gehen.

›Man muß den Menschen beibringen, mit der Stimme am Satzende nach unten zu gehen‹, wird bereits in *The Art of Speaking* geraten, und weiter: ›... eine Rede sollte stets ohne unnötiges Auf und Ab in der Stimme, ohne Singsang oder unnötige Dehnungen vorgetragen werden, sondern stets mit dem natürlichen Stimmfluß, der auch sonst beim Reden verwendet wird.‹

Machen Sie nicht den Fehler und unterstreichen Sie ein Wort oder einen Ausdruck in Ihrem Text, den Sie hervorheben wollen. Das klingt dann nur unnatürlich, weil Sie sich auf das Wort stürzen. Sprechen Sie sich Ihre Rede laut vor. Klingt es so, als säßen Sie jemandem am Tisch beim Abendessen gegenüber? Wenn Sie mit der Stimme nach unten gehen, hat sie mehr Autorität.

Zu schnelles Sprechen und immer im gleichen Tempo, wie dies z. B. bei Robert Kennedy der Fall war, bringt Ihre Gedanken nicht im richtigen Maße zur Geltung. Alles klingt gleich. Nicht vergessen: 150 Wörter pro Minute ist das richtige Tempo. Geben Sie Ihren Zuhörern Zeit, Ihre Botschaft auf sich wirken zu lassen. Machen Sie Pausen. Pausen sind für eine Rede wie Unterstreichungen, die bedeuten: »Denk darüber nach.« Machen Sie eine Pause nach jedem wichtigen Gedankengang, nach einer Ermahnung, einer Erklärung oder einer Frage. Pause, ins Publikum sehen, und Ihre Zuhörer werden wirklich darüber nachdenken.

Passen Sie besonders auf irgendwelche Pausenfüller wie ›äh‹ oder ›also‹ auf. Der ehemalige New Yorker Bürgermeister Koch war der König der ›Ähs‹. Irgendwie hat es seinem Image keinen Abbruch getan, aber die meisten klingen dann, als würden sie nach Worten ringen, unsicher und nervös. Sollten Sie eine solche Angewohnheit beim Sprechen haben, so kleben Sie sich einen kleinen roten Aufkleber auf Ihre Armbanduhr, auf dem Sie z. B. das ›Äh‹ dick durchstreichen. Das wird Ihnen helfen, sich diese Angewohnheit in zwei Tagen abzugewöhnen.

Und noch einmal: Sprechen Sie mit Schwung und Energie. Beim Sprechen sollte Ihre Stimme von den Wänden des Raumes zurückgestrahlt werden. Wenn dies der Fall ist, wissen Sie, daß Sie genügend Energie haben, um Ihr Publikum anzusprechen. Nicht durch Lautstärke bringen Sie Ihre Stimme zum Tragen, sondern durch Energie. Das ist ein großer Unterschied.

Nicht vergessen:

- Viermal laut üben, wie in der wirklichen Redesituation (mit den skeptischsten Gesichtern im Publikum, die man sich vorstellen kann); die letzte Probe so kurz wie möglich vor dem wirklichen Auftritt.
- Mit Schwung sprechen.
- Zwanglosen Umgangston verwenden und voll Energie sprechen.

- Ins Publikum blicken am Anfang und Ende jeden Satzes, jeder Frage, jeden Abschnitts etc. sowie bei jeder Erklärung.
- Den Blick schweifen lassen zur Vorgabe des Rhythmus für die Aufmerksamkeit der Zuhörer.

Dritte Stufe

Nervositätskontrolle

Was sind die wichtigsten Schritte, um meine Nervosität in den Griff zu bekommen?

Haben Sie Ihre Rede einmal zusammengestellt, in ›Fast Food für die Augen‹ umgeschrieben und so effektiv wie möglich geübt, so haben Sie bereits 50 Prozent der Arbeit getan, die nötig ist, um Ihre Nervosität unter Kontrolle zu bringen.

Die restlichen 50 Prozent meiner bewährten Methode, die Nervosität in den Griff zu bekommen, bestehen darin, sich ein Aussehen von Autorität zu verleihen, einen geeigneten Rahmen für die Rede zu schaffen und sich psychisch und physisch so vorzubereiten, daß man angstfrei auftreten kann, d.h. mit einer ausgeglichenen Haltung selbstbewußt zum Rednerpult gehen zu können und dabei sich selbst und das Publikum im Griff zu haben.

Kann tiefes Durchatmen mir helfen, mich zu entspannen und weniger nervös zu sein?

Entgegen allem, was bisher über die entspannende Wirkung von tiefem Durchatmen geschrieben wurde, behaupte ich, daß tiefe Atemzüge eher verspannen. Atmen Sie tief durch. Fühlen Sie nun Ihren Hals und spüren Sie, wie angespannt Ihre Nackenmuskeln sind. Wichtig ist das kontrollierte Ausatmen, nicht das Einatmen.

Was kann ich gegen weiche Knie, einen trockenen Mund und Herzflattern machen?

Ich war viele Jahre beim Theater, und bis zu meinem Auftritt in dem Stück ›Der König und ich‹ ging ich jeden Abend mit schrecklichem Lampenfieber auf die Bühne. Mein Herz klopfte zum Zerspringen. Ich fragte mich immer: Wieso bin ich eigentlich hier? Eines Abends jedoch, während ich hinter den Kulissen gemeinsam mit Yul Brynner auf meinen Auftritt wartete, entdeckte ich den Ansatz für die Körperübung, die ich nun verwende, um gegen Nervosität anzugehen. Yul Brynner stand hinter den Kulissen, stieß sich mit heftigen Stößen immer wieder von der Wand ab, als wolle er sie zum Einsturz bringen, und gab dabei grunzende Laute von sich. Ich fragte ihn: »Yul, wofür soll das gut sein?« Er antwortete: »Es hilft mir, meine Nervosität abzubauen.«

Also probierte ich es auch aus, jedoch ohne das Grunzen, und es klappte. Danach hatte ich nie mehr Lampenfieber. Aber das war nicht der einzige Effekt, denn die Muskelspannung, die beim Abstoßen von der Wand entstand, vermittelte mir außerdem ein ganz neues Gefühl von Körperenergie. Von da an machte ich hinter den Kulissen von Konzert- und Opernhäusern, Nachtclubs oder im Fernsehstudio vor jedem Auftritt diese Übung – und die Nervosität war wie weggeblasen.

Als ich dann dazu überging, in der Öffentlichkeit Reden zu halten, konnte ich schlecht zum Vorsitzenden des Meetings gehen und sagen: »Entschuldigen Sie mich einen kleinen Moment, ich fühle mich etwas zittrig, ich muß mich zur Entspannung ein bißchen von der Wand abstoßen.« Deshalb fragte ich mich einfach, was denn bei dieser Übung eigentlich genau passiert. Was kann ich tun, während ich auf meinen Auftritt warte, um denselben Effekt zu bekommen und dabei nicht aufzufallen?

Ich entdeckte also, daß während der Übung des Sich-Abstoßens von der Wand der sog. *musculus rectus abdominis* (gerader Bauchmuskel) angespannt wird. Dieser

Muskel sitzt genau dort, wo der Brustkorb sich öffnet. Genau dort sitzt auch das, was ich als Energiedreieck bezeichne. Ein Anspannen dieser Muskeln kann erstaunliche Dinge bewirken.

Probieren Sie einmal folgende Übung, um herauszufinden, wie diese Muskeln arbeiten – ich nenne sie in aller Bescheidenheit die Sarnoff-Übung. Setzen Sie sich auf einen Stuhl mit gerader Lehne aufrecht hin. Strecken Sie Ihre Brust nach vorne, aber nehmen Sie keine steife militärische ›Brust raus‹-Haltung ein, als hätten Sie einen Kleiderbügel verschluckt. Beugen Sie sich leicht nach vorne. Strecken Sie nun beide Hände nach vorne und halten Sie die Ellbogen an die Seite Ihres Körpers gepreßt. Richten Sie die Fingerspitzen nach oben und drücken Sie nach vorne, so daß Sie einen isometrischen Gegendruck auf der unteren Seite der Handflächen und unter den Armen spüren.

Atmen Sie nun auf ein zischendes ›SSSSS‹ aus. Spannen Sie dabei die Muskeln des Energiedreiecks so an, als müßten Sie ein Boot gegen den Strom rudern. Das Energiedreieck müßte sich nun so anfühlen, als zöge sich ein Korsett zusammen. Entspannen Sie die Muskeln am Ende der Ausatmen-Phase und lassen Sie den Atem sanft einströmen.

Das Anspannen dieser Muskeln verhindert die Freisetzung von Noradrenalin oder Epinephrin, den angsterzeugenden Substanzen im Körper. Während Sie auf Ihren Auftritt warten, können Sie folgendes tun: Spannen Sie im Sitzen Ihr Energiedreieck an und atmen Sie dabei mit leicht geöffnetem Mund über Ihre untere Zahnreihe auf ein unhörbares ›SSSSS‹ aus. Diese Übung können Sie überall machen, ohne daß es irgend jemandem auffallen wird. Und danach wird nichts, aber auch gar nichts Sie noch nervös machen können.

Während eine meiner Kundinnen ihre Antrittsrede an einem amerikanischen College hielt, überfiel sie plötzlich eine Sekunde lang die Panik. Sie konnte jedoch ihre Fassung sofort wiedergewinnen, nachdem sie sich im Geist ein Bild von mir beim Rudern eines Bootes heraufbeschworen hatte und sich vorstellten, wie ich dabei die Bauchmuskeln des Energiedreiecks anspannte. Ihre Nervosität war danach verschwunden.

Doch die Sarnoff-Übung hat auch noch andere Vorteile. Außer angstfrei zu machen verringert sie auch alle anderen negativen Gefühle wie Ärger, Depression, Streß und Mattheit und gibt neue Energie.

Einmal hatte ich bei einem Vortrag in Hamburg eine Lungenentzündung. Am darauffolgenden Tag hatte ich schon den nächsten Termin in Toronto. Ich hatte nächtelang nicht geschlafen und fühlte mich sehr schwach. Aber ich brachte mich selbst vor dem Auftritt durch die Sarnoff-Übung wieder auf Touren, und niemand hat je bemerkt, daß etwas mit mir nicht stimmte.

Auch bei Streß im Büro können Sie beim Ausatmen die Muskeln des Energiedreiecks anspannen. Das wirkt, als gäben Sie sich selbst einen Adrenalinstoß. Ich selbst mache diese Muskelübung den ganzen Tag über, um mir immer wieder neue Energie zu geben.

Diese Anspannung der Bauchmuskeln des Energiedreiecks bringt auch Ihre Stimme mehr zum Tragen. Mit der Anspannung dieser Muskeln werden die Zwerchfellmuskeln gleich mitaktiviert, und das bewirkt, daß die Luft mit mehr Druck durch die Lungen zu den Stimmbändern gelangt und die Stimme dadurch besser trägt. Wenn Ihre Stimme vor lauter Aufregung zittert, kann diese Muskelanspannung Ihre Stimme stützen und das Zittern verhindern.

Die Sarnoff-Übung kann auch Schmerz- und Kältegefühle unterdrücken. Wenn Sie ein flaues Gefühl im Magen haben, kann man damit den Brechreiz unterdrücken. Wenden Sie die Sarnoff-Übung auch beim Fliegen an – wenn ein Flugzeug in starke Turbulenzen gerät, können Sie damit der Reisekrankheit vorbeugen.

Wenn Sie jemandem begegnen, der Sie einschüchtert, wird Ihnen die Muskelanspannung die Angst nehmen. Mit dieser Übung können Sie auch Wut einfrieren.

Auch wenn Sie stark schwitzen oder immer feuchte Hände haben, kann diese Übung helfen.

Machen Sie diese Muskelübung, wenn Sie das nächste Mal im Zahnarztstuhl sitzen. Machen Sie diese Muskelübung, wenn Sie das nächste Mal vom Drei-Meter-Brett springen wollen. Machen Sie diese Muskelübung, wenn Sie Ihren Chef das nächste Mal um eine Gehaltserhöhung bitten.

Die Sarnoff-Übung wirkt wie eine Bremse. Wenden Sie sie immer dann an, wenn Sie merken, daß Sie vor etwas Angst haben. Sie sollte Ihnen in Fleisch und Blut übergehen, eine Art Reflex werden – Anspannung und dann Nachlassen der Spannung. Das ist die Wirkungsweise dieser Übung.

Sie können diese Körperhaltung den Rest Ihres Lebens in allen irgendwie bedrohlichen Situationen anwenden und dadurch sich selbst und die Situation im Griff behalten. Diese Übung bewirkt wirklich mehr als jedes Medikament und kostet dabei keinen Pfennig. Sie werden merken, daß man sogar süchtig danach werden kann. Ich bin bereits von ihr abhängig. Wenn Sie erst merken, wie diese Übung Ihnen dabei hilft, Ihre Nervosität in den Griff zu bekommen, werden auch Sie von ihr abhängig sein.

Wirkt diese Körperkontrolle bei jedem?

Der Buchhalter eines großen amerikanischen Unternehmens stand am Rednerpult vor den Vertretern seiner Firma aus der ganzen Welt und wurde plötzlich ganz steif. Ich ging zu ihm aufs Podium, legte meine Arme um ihn und drückte ihn. »Das Wichtigste, was Bob im Moment braucht, ist das Gefühl, daß wir ihn liebhaben«, sagte ich zum Publikum. Die Zuhörer brachen in begeisterten Beifall aus.

»Das ist Anerkennung«, sagte ich. »Wir alle suchen Anerkennung, wenn wir am Rednerpult stehen, und haben Angst, sie nicht zu bekommen. Genau das ist es, was uns nervös macht. Ich werde Ihnen jetzt kostenlosen Unterricht darin geben, wie Sie Ihre Nervosität in den Griff bekommen können.«

So brachte ich dem gesamten Publikum die Sarnoff-Übung bei. In fünf Minuten hatte ich Bob von der Belastung, unter der er stand, befreit und ihm eine sichere Methode beigebracht, seine Nervosität durch Körperkontrolle in den Griff zu bekommen. Er fing mit seiner Rede noch einmal von vorne an und trug sie dieses Mal voll Selbstvertrauen und Autorität vor.

Wenn Sie merken, daß Sie die Kontrolle über sich selbst und das Publikum verlieren, denken Sie einfach: ›Bauchmuskeln anspannen – entspannen!‹, und schon sind Sie wieder auf der richtigen Spur.

Wie können Sie sich innerlich auf eine Situation einstimmen, damit Sie nicht nervös werden?

Sportpsychologen haben herausgefunden, daß Athleten, die sich während der Vorbereitung auf ihren Wettkampf innerlich auf die Situation einstimmen, bessere Erfolge erzielen konnten. So war z. B. ein Mitglied des Fahrradteams der amerikanischen Olympiamannschaft wegen seiner Teilnahme bei den Olympischen Spielen 1984 in Los Angeles sehr aufgeregt. »Mein Trainer erinnerte mich daran, daß ich in dieser Disziplin zweimaliger amerikanischer Meister war und panamerikanischer Meister in der 50-km-Klasse. Viele Rennteilnehmer hätten sicher Angst, gegen mich anzutreten. Es half mir, mich richtig auf die Situation einzustimmen und mich auf den Gedanken zu konzentrieren, daß meine Konkurrenten vor mir Angst haben.«

So konnte der Athlet seine negativen Gefühle ablegen. Er ließ seine Zweifel und Bedenken am Start zurück und konnte so mit einem Wettbewerbsvorteil ins Rennen gehen.

Sie sollten sich nie zum Opfer der erstbesten Stimmung oder Laune machen, die Sie überkommt. Ich spielte z. B.

einmal im Drake Hotel in Chicago am Samstagabend nach der Ermordung von John F. Kennedy. Ich war so traurig, daß ich überhaupt keine Lust hatte aufzutreten – aber die Show mußte weitergehen. Beim Singen bemerkte ich ein kleines Mädchen, das mit ihren Eltern im Parkett saß. Sie schien sehr aufgeregt darüber, daß sie dabeisein durfte.

Für eine Nummer dieses Abends, die sich in einem Traum abspielte, trug ich eine Federboa. Als dieser Auftritt vorüber war, ging ich zu dem Mädchen hin und legte ihr die Federboa um den Hals. Sie hat sich so darüber gefreut, daß sich ihre Begeisterung auf mich übertrug und ich den Rest des Abends mit derselben Begeisterung auftrat. Später brachten sie die Eltern zu mir in die Umkleidekabine und erzählten mir, daß heute ihr Geburtstag sei und ich ihr das schönste Geschenk gemacht habe, das sie je bekommen hätte. Aber in Wirklichkeit gab sie mir ein Geschenk. Ihre Stimmung hatte meine Stimmung verändert.

Was Sie sich selbst einreden, wenn Sie vor dem Publikum stehen, sendet eine Botschaft aus. Wenn Sie sich selbst einreden, Sie seien nervös, dann ist das auch das, was beim Zuhörer ankommt.

Sogar die erfahrene Fernseh-Nachrichtensprecherin Diane Sawyer stimmt sich vor öffentlichen Reden auf die Situation ein. Von einem formellen Mittagessen in New York, bei dem berühmte Frauen der achtziger Jahre geehrt wurden und bei dem sie als eine der Hauptsprecherinnen auftrat, berichtete ein Beobachter: »Diane schlüpfte aus dem Saal, und ich sah sie dann ganz alleine im Foyer stehen, wo sie sich psychisch auf ihren Auftritt vorbereitete. Als sie dann dem Publikum gegenübertrat, war sie entspannt, lustig und überaus redegewandt. Am meisten beeindruckte mich dabei, daß sie sich selbst so gut im Griff hatte und so hundertprozentig vorbereitet wirkte.«

Wählen Sie sich die Stimmung, die Sie vermitteln wollen, genauso wie Sie sich die Kleider aus Ihrem Kleiderschrank auswählen, nämlich immer dem Anlaß entsprechend. Das Einstimmen auf eine Situation gibt Ihnen den geistigen Schutz vor Nervosität.

Lassen Sie mich hier noch kurz erzählen, wie ich mich früher als Schauspielerin in ähnlicher Weise innerlich auf meine Rollen eingestellt habe. Ich war Schauspielerin und Sängerin zugleich, aber wahrscheinlich kannte man mich vor allem wegen meiner Fähigkeit, bestimmte Figuren wahrheitsgetreu darzustellen. Ich lernte, daß ich dem Publikum starke Gefühle übermitteln konnte, wenn sich mich ganz darauf konzentrierte, ein bestimmtes Gefühl oder eine bestimmte Stimmung zum Ausdruck zu bringen.

Die Rolle der bescheidenen Hauptfrau in dem Stück ›Der König und ich‹ war der kürzeste Part, den ich jemals in einem Broadway-Stück zu spielen hatte. Ich befürchtete, daß ich mit so wenigen Worten keinen großen Eindruck beim Publikum hinterlassen könnte. Deshalb entwickelte ich für mich selbst eine Technik, wie ich, ohne zu sprechen, das Publikum fast genauso stark ansprechen konnte wie durch Worte.

Während die verschiedenen Schauspieler ihre Plätze auf der Bühne einnahmen, stand ich in einer Ecke. Ich hatte die anderen gebeten, mich nicht anzusprechen, da ich damit beschäftigt war, mich innerlich darauf vorzubereiten, dem Publikum beim Aufgehen des Vorhangs stumme Botschaften zu übermitteln. Da ich die Rolle einer Frau zu spielen hatte, die sehr traurig und frustriert war, murmelte ich immer vor mich hin: »Mein Mann liegt im Sterben, der König liegt im Sterben. Was wird aus diesem Land werden? Was wird aus meinem Sohn werden? Wie wird meine Welt aussehen?« Nachdem ich mich in das Gefühl äußerster Frustration und Trauer versetzt hatte, nahm ich meinen Platz auf der Bühne ein.

Wenn dann der Vorhang aufging, konzentrierte sich die Aufmerksamkeit der Zuschauer durch die Intensität der stummen Botschaften, die ich ihnen übermittelte, auf mich. Jeden Abend, wenn Frau Anna dem König ihren Brief vorlas und zu den Worten ›der Allerbeste‹ kam, brachte ich mich dazu, Tränen zu vergießen. Diese Aufführung brachte mir einen Hollywood-Vertrag ein. Ein

Produzent kam sogar sechzehnmal, um mich weinen zu sehen.

Zu Beginn meiner Karriere als Rednerin in der Öffentlichkeit glaubte ich, mich mit derselben Technik motivieren zu können, während ich darauf wartete, auf die Tribüne zu gehen. Aber jetzt waren es nicht Frustration und Trauer, die ich vermitteln wollte. Welche Botschaft wollte ich als öffentliche Rednerin herüberbringen? Ich wollte dem Publikum gegenüber ein Gefühl der Wärme ausstrahlen, das es dazu anregen sollte, mir dasselbe Gefühl zu erwidern und mich gleichzeitig als eine Person mit einer gewissen Autorität zu sehen.

Ich entschied mich für drei Botschaften, die ich ausstrahlen wollte: Freude, Anteilnahme und Autorität. Dies brachte mich auf vier Sätze, die diese Botschaften zum Ausdruck bringen. Ich nenne sie ›Motivierungssätze‹. Auf dem Weg zum Rednerpult und während des Vortrags machen diese Sätze den Redner zuversichtlich. Sie strahlen die positiven Eigenschaften aus, die der Zuhörer spüren soll.

- Ich freue mich, hier zu sein.
- Ich freue mich, daß Sie hier sind.
- Ich bin ganz für Sie da.
- Ich weiß, wovon ich spreche.

Die Sätze »Ich freue mich, hier zu sein. Ich freue mich, daß Sie hier sind« übermitteln das Gefühl von Freude und Gelöstheit, eine der fünf Qualitäten, die ein guter Redner ausstrahlt. Sie drücken Ihre Freude aus, da zu sein und mit dem Publikum zu reden.

Der Satz »Ich bin ganz für Sie da« drückt Ihre Anteilnahme aus. Er bedeutet »Ich denke an Sie« und verleiht Ihrem Gesicht und Ihren Augen den lebhaften Ausdruck, der Ihre Sympathie für das Publikum übermittelt.

Der Satz »Ich weiß, wovon ich spreche« vermittelt das Gefühl von Autorität. Wenn Sie gut vorbereitet sind, ist es Ihr gutes Recht, sich selbst zu sagen: »Ich weiß, wovon ich spreche.« Es zeigt Ihren Zuhörern, daß Sie sich selbst im

Griff haben. Es gibt Ihnen Selbstvertrauen und verleiht Ihnen die nötige Autorität.

Sagen Sie diese vier Sätze ein paarmal still vor sich hin: »Ich freue mich, hier zu sein. Ich freue mich, daß Sie hier sind. Ich bin ganz für Sie da. Ich weiß, wovon ich spreche.« Murmeln Sie diese Sätze leise vor sich hin. Sprechen Sie die Worte dabei wirklich aus, sonst gehen sie Ihnen nicht richtig in den Kopf. Versuchen Sie es noch einmal, diesmal schneller. Stellen Sie es sich als eine Art Mantra vor, eine Affirmation, einen Konditionierungssatz, ein ›Gegrüßet seist du, Maria‹. Nur, daß es hier ein ›Gegrüßt bin ich‹, ›Gegrüßt seid Ihr‹ ist.

Beachten Sie dabei, daß sich das Mantra zuerst auf Ihre eigene Person bezieht (Ich freue mich, hier zu sein). Dann ändert sich die Richtung, und es richtet sich an Ihre Zuhörer (Ich freue mich, daß Sie hier sind). Es bleibt dann auf die Zuhörer gerichtet (Ich bin ganz für Sie da) und kommt danach mit einer 180-Grad-Drehung wieder auf Sie zurück (Ich weiß, wovon ich spreche).

Stellen Sie sich das Mantra als einen Kreis vor. Jeder Satz sei dabei wie die Speiche eines Rads. Beim Sprechen jedes Satzes dreht sich das Rad weiter. Wiederholen Sie die Sätze noch einmal und machen Sie dabei mit dem Finger eine kreisförmige Bewegung in der Luft. Nicht aufhören! Sonst geben Sie negativen Gedanken die Möglichkeit, aufzukommen. Lassen Sie das Rad sich immer weiter drehen.

Los, los, immer weiter drehen, die Sätze müssen einander nur so jagen. Schneller, immer schneller. Man muß sich sehr konzentrieren, damit sich das Rad schnell dreht. Üben Sie solange, bis es ganz automatisch wird.

Das ist das Sarnoff-Mantra. Sie lassen dabei nur positive Gedanken und Erwartungen aufkommen. So bereiten Sie sich selbst psychisch vor, konditionieren Sie sich. Das Sarnoff-Mantra hat einen wohltuenden Effekt und beruhigt sowohl den Körper als auch den Geist. Sie werden nicht nervös werden, wenn Sie sich das Mantra immer und immer wieder vorsagen. Das strahlt Ihren Zuhörern gegenüber eine positive Einstellung aus, noch bevor Sie den Mund aufgemacht haben.

Ich benutze das Sarnoff-Mantra schon lange, bevor ich wirklich in den Saal gehe, um zu sprechen. Bereits Monate und Wochen vorher, immer wenn ich mir in Gedanken eine Gruppe oder ein Publikum vorstelle, vor dem ich sprechen soll, sage ich mir selbst: »Ich mag diese Menschen. Ich mag dieses Publikum.« Niemals lasse ich den Gedanken aufkommen: »Oje, werde ich auch gut genug sein?« Egal vor welchem Publikum Sie auch sprechen müssen, solange Sie das Gefühl haben, »Ich mag diese Gruppe«, wird sie niemals bedrohlich auf Sie wirken.

Sprechen Sie sich das Mantra immer wieder vor, während Sie auf Ihren Auftritt warten. Dann haben Sie, sobald Sie Ihren Platz verlassen, sich selbst und auch das Publikum unter Kontrolle.

Das Sarnoff-Mantra wird Sie geradezu nach vorne an das Rednerpult treiben. Keine negativen Gedanken werden Ihnen in den Sinn kommen. Sie werden die positiven Eigenschaften Freude und Gelöstheit, Begeisterung, Aufrichtigkeit, Anteilnahme und Autorität ausstrahlen.

Nicht vergessen:

- *Mich selbst in eine positive Stimmung versetzen*
- *Sarnoff-Mantra vorsagen:*
  Ich freue mich, hier zu sein.
  Ich freue mich, daß Sie hier sind.
  Ich bin ganz für Sie da.
  Ich weiß, wovon ich spreche.
- *Sarnoff-Übung machen:*
  Muskeln des Energiedreiecks anspannen.

Vortragsweise – Aufmerksamkeit erregen und wachhalten

Wie bringe ich es fertig, bei meinem Vortrag sofort die Aufmerksamkeit des Publikums zu gewinnen?

Denken Sie daran, daß Ihr Vortrag im Grunde schon beginnt, während Sie noch auf Ihrem Platz sitzen und auf Ihren Auftritt warten. Ihr Sitzplatz ist sozusagen die Startrampe, die Sie zu Ihrem Platz am Rednerpult hinkatapultiert. Sie sitzen also auf der Startrampe, Ihre Motoren sind durch die Sarnoff-Übung in Gang gekommen, mittels des Sarnoff-Mantras haben Sie sich und Ihr Publikum unter Kontrolle, und nun heißt es »Alle Systeme STARTEN«.

Sie *schreiten* würdevoll zum Rednerpult; Sie schlendern also nicht nach vorne, sondern Sie *schreiten,* und dabei lassen Sie Ihren Blick durch den Raum schweifen. Sie kennen Ihren Weg genau, weil Sie ihn vorher geübt haben. Bleiben Sie mit Ihrem Publikum weiterhin im Blickkontakt, wenn Sie am Rednerpult angelangt sind. Aus dem Augenwinkel können Sie sehen, wo Sie Ihre Unterlagen ablegen müssen, und brauchen dabei Ihren Blick nicht zu senken.

Was macht eine gute Vortragsweise aus?

Sprechen Sie in einem zwanglosen, doch kraftvollen Umgangston und sprechen Sie mit Schwung – d. h. mit einer Geschwindigkeit von etwa 150 Wörtern pro Minute. Sie stecken Ihre Zuhörer mit Ihrer Begeisterung für Ihre Idee, Ihr Produkt oder Ihre Dienstleistung an.

Denken Sie daran, daß Ihr Blick zu Beginn eines Vortrags immer ganz auf das Publikum gerichtet sein sollte. Auch im übrigen Verlauf des Vortrags sollten Sie zu 90% Blickkontakt zum Publikum halten. Werfen Sie nur einen kurzen Blick nach unten, um in Ihren Unterlagen den nächsten Abschnitt zu erfassen, und schon blicken Sie wieder ins Publikum und lassen dabei Ihren Blick von einer Seite des Raumes zur anderen schweifen, wobei Sie den Kopf in einer einzigen geschmeidigen und ununterbrochenen Bewegung mitbewegen. Ihre Augen vermitteln Aufrichtigkeit und Anteilnahme.

Sollte man beim Vortragen lächeln?

Ihr Gesicht sollte auf jeden Fall Lebendigkeit ausstrahlen. Kein Grinsen – aber ein freundliches Gesicht: Bringen Sie durch Ihre Miene Wärme und Zuneigung zum Ausdruck. Sagen Sie sich noch einmal vor: »Ich freue mich, hier zu sein; ich freue mich, daß Sie hier sind...« Dadurch vermitteln Sie Freude und Gelöstheit. Die Botschaft, die Sie Ihren Zuhörern übermitteln, lautet: »Aufgepaßt! Seht her, hört zu... Ich habe alles hier im Griff.« Damit strahlen Sie Autorität aus.

Wie steht es mit der Gestik?

In dem bereits zitierten Werk *The Art of Speaking* lesen wir: »Der Sprecher sollte nicht wild mit den Armen fuchteln, als sei er dort oben auf der Kanzel nahe am Ertrinken, oder sich wie die Boxkämpfer der Antike gebärden, die sich auf die Olympischen Spiele vorbereiteten, indem sie mit ihrem eigenen Schatten kämpften. Noch sollten seine Hände in den Taschen vergraben sein oder seine Arme schlaff herunterhängen, als seien sie verwelkt.«

Stellen Sie sich ans Rednerpult mit gleichmäßig auf beide Fußballen verteiltem Gewicht, erhobener Brust und beiden Händen auf dem Rednerpult. Mit dem linken Zeigefinger verfolgen Sie den Text. Aus dem Augenwinkel können Sie im Blick behalten, wo Sie weiterlesen müssen. Die rechte Hand ist immer bereit, um das Blatt lautlos zur Seite gleiten zu lassen, sobald Sie damit fertig sind.

Ich persönlich unterrichte keine Gestik. Ich habe es nie erlebt, daß ein bereits guter Vortrag durch Hand- oder Armbewegungen noch besser bzw. daß ein schlechter Vortrag durch Gesten überhaupt erst gut wurde. Wenn Ihnen Handbewegungen liegen, dann benutzen Sie sie. Doch Gesten sollten Ihren Worten vorausgehen und nie hinterherhinken.

Sie können prüfen, ob Ihre Gesten wirkungsvoll sind, indem Sie auf die Augen Ihres Zuhörers achten. Sind sie auf Ihre Hände statt auf Ihr Gesicht gerichtet, so lenkt Ihre Gestik von Ihrer Botschaft ab. In diesem Fall sollten Sie sie lieber seinlassen.

Bei anderen, unmittelbaren Kommunikationssituationen fern dem Rednerpult allerdings können Gesten manchmal auf sehr wirkungsvolle Weise Worte ersetzen. Vor einem wichtigen Turnier kam z. B. der Golfspieler Johnny Miller einmal zu mir, um sich mit mir darüber zu beraten, wie er sein Verhältnis zum Publikum verbessern könnte. Seine Fans wandten sich von ihm ab, weil er sich bei solchen Turnieren nicht gleichzeitig auf das Publikum und auf sein Golfspiel konzentrieren konnte und dem Publikum infolgedessen zu wenig Beachtung schenkte. Ich schlug vor, er solle beim Laufen von einem Loch zum nächsten dem Publikum zuwinken und dabei lächeln. Das Publikum reagierte darauf mit Beifall und Zuneigung, und seine Konzentration auf das Spiel wurde in keiner Weise beeinträchtigt.

Gesten können auch Feindseligkeit entschärfen. Einmal kam der Trainer einer Baseballmannschaft zu mir, weil er mit den Zuschauern Probleme hatte. Jedesmal, wenn er von der Seitenlinie auf das Spielfeld trat, wurde er mit Buhrufen empfangen. Das machte ihn wütend, woraufhin die Fans ihrerseits noch wütender wurden und noch lauter schrien. Ich riet ihm, er solle beim Betreten des Spielfelds zum Publikum hinaufblicken, seine Arme ausbreiten und dabei lächeln. Was drückt diese Geste aus? Sie sagt: »Ich gehöre euch. Macht mit mir, was ihr wollt.« Mit einer solchen Geste vermag man auch eine tobende Menschenmenge zu versöhnen.

Viele politische und religiöse Führer benutzen Gesten als persönliches Markenzeichen oder als Möglichkeit, mit ihren Anhängern eine persönliche Verbindung zu schaffen. William Jennings Bryan, der sich Anfang dieses Jahrhunderts dreimal um das Amt des amerikanischen Präsidenten bewarb, hatte beispielsweise die Angewohnheit, die Arme seitlich zu heben und dabei alle Finger auszustrekken, als wolle er die Menge umarmen.

Winston Churchill erfand zur Feier des Sieges der Alliierten das ›V für Victory‹-Zeichen, und Dwight Eisenhower entwickelte dieses ›V‹-Zeichen weiter, indem er beide Arme hob und damit seinen ganzen Körper zum ›V‹ machte. John F. Kennedy vervollkommnete eine Art ›gerade Linke‹ mit drei keilförmig zusammengepreßten Fingern, mit der er seinen Aussagen Nachdruck verlieh; diese Geste versuchte auch der Präsidentschaftskandidat Gary Hart im Wahlkampf 1984 einzusetzen.

Richard Nixon schaute Eisenhower die Geste mit den erhobenen Armen ab, wobei er gleichzeitig mit beiden Händen Churchills ›V‹-Zeichen machte und dabei manchmal zum größeren Nachdruck zusätzlich mit den Fingern wackelte. Und vergessen wir nicht den Papst: Seit Jahrhunderten segnet schließlich jeder Papst, von Klemens VII. bis hin zu Johannes Paul II., die Menge mit erhobenem Arm und nach unten gerichteter Handfläche.

Was mache ich, wenn etwas passiert, auf das ich keinen Einfluß habe?

Einmal sprach ich gerade vor dem Verband amerikanischer Werbeagenturen in Boston, als eine Stimme über die Lautsprecheranlage eine Feueralarmübung für das Hotelpersonal ansagte. Während ich sprach, dröhnte die Stimme immer weiter und irritierte dabei das Publikum mehr als mich. Um ihnen die Befangenheit zu nehmen, erzählte ich ein paar Geschichten:

> »An solche Unterbrechungen bin ich gewöhnt«, sagte ich. »Vor Jahren trat ich z. B. bei einer Premiere im Nachtklub des Hotels Fontainebleau in Miami auf, und ein bekannter Rundfunkjournalist saß im Publikum, der sie rezensieren sollte. Mitten in der Vorstellung heulte plötzlich laute Unterhaltungsmusik aus den Lautsprechern, und trotz wiederholter Versuche konnte man die Dinger nicht zum Schweigen bringen. Also spielte die Musik während meines ganzen Auftritts weiter. Daraufhin gab unsere Band ein bißchen mehr Saft, und ich drehte ebenfalls mein Mikrophon auf. Ich glaube, ich habe gewonnen.
>
> Viel schlimmer war es aber, als ich im Ziegfeld-Theater neun Arien von Villa-Lobos aufführen sollte. Ich hatte die Rolle einer kolumbianischen Indio-Prinzessin, trug dafür eine Perücke mit langem Zopf und war barfuß. Ich kniete gerade vor dem Hauptdarsteller John Raitt und sang eine Arie, als über meinem Kopf eine Leuchtröhre platzte und glühende Glassplitter auf mich herunterprasselten. Meine Perücke fing Feuer, doch ich sang einfach weiter. John Raitt löschte die Flammen, indem er meinen Kopf tätschelte. Unser Abgang war von stürmischem Beifall begleitet. Am nächsten Tag bezeichneten mich die Zeitungen als ›die angesengte Sängerin‹.«

Behalten Sie also einen kühlen Kopf; so halten Sie sich Ihr Publikum warm.

Wie geht man am besten mit Fragen aus dem Publikum um?

Nachdem Sie mit Ihrem Vortrag oder Ihrer Präsentation fertig sind, sagen Sie: »Gibt es Fragen?« Wenn nicht nach kürzester Zeit eine Reaktion erfolgt, sagen Sie: »Übrigens, vor Beginn der Veranstaltung fragte mich jemand ...« oder: »Oft fragt man mich, ob ...«

Lassen Sie Ihre Zuhörer auf keinen Fall Ihre Fragen aufschreiben und Ihnen schriftlich vorlegen. Dadurch entsteht eine tödliche Langeweile, und das Wechselspiel zwischen Publikum und Sprecher geht dabei verloren. Bitten Sie vorher Freunde oder Kollegen, die als Zuhörer im Publikum sitzen, ein paar Fragen zu stellen, um die Sache ins Rollen zu bringen. Wenn die anderen Zuhörer das hören, ermutigt sie das meistens, sich ebenfalls an der Diskussion zu beteiligen.

Welche Angewohnheiten lenken den Zuhörer ab?

Auf einem Kongreß in Bermuda bestritt ich einmal mit dem amerikanischen Senator Patrick Moynihan das Programm. Während seiner ganzen Ansprache kratzte er sich an der Brust, dicht unterm Schlüsselbein. Nach zwanzig Minuten hatte er sich ein richtiges Loch ins Hemd gekratzt. Er hatte auch die Angewohnheit, bei der Suche nach dem richtigen Wort »äh, äh, äh, äh ...« zu sagen.

Als wir uns dann etwas später in der Hotelhalle unterhielten, fragte ich ihn, ob er sich diese Unarten nicht abgewöhnen wolle. Er antwortete, daß er es bereits mehrfach versucht habe, es aber einfach nicht schaffe. Ich gab ihm einen kleinen roten Aufkleber, auf dem das Wort *äh* geschrieben und dann durchgestrichen war. Ich sagte: »Im Laufe eines Tages sehen Sie doch bestimmt oft auf Ihre Uhr. Immer, wenn Sie auf Ihre Uhr schauen, wird dieser rote Punkt Sie daran erinnern, nicht ›äh‹ zu sagen.« Das irritierende Kratzen könne er außerdem vermeiden, indem er einfach beide Hände auf das Rednerpult lege. Und tatsächlich hatte er, als er das nächste Mal einen Vortrag hielt, diese beiden schlechten Angewohnheiten ausgemerzt.

Viele Menschen, die wegen solcher nervösen ›Ticks‹ jahrelang zum Psychiater oder zum Psychologen liefen, wurden sie bei mir innerhalb von ein bis zwei Stunden los. Was die Couch in jahrelanger Arbeit nicht geschafft hatte, brachte die Videokamera in nur wenigen Minuten fertig.

Als der amerikanische Außenminister Warren Christopher einmal zu mir in die Beratung kam, um sich auf ein Fernsehinterview vorzubereiten, beobachtete ich, wie er beim Sprechen ständig blinzelte. Ich sagte ihm, er dürfe nur einmal am Ende jedes Abschnitts blinzeln. Nach fünf Minuten Unterhaltung hatte er sich völlig umgestellt und blinzelte wirklich nur noch am Ende der Abschnitte.

Ein Manager, der später ein Kunde von mir wurde, geriet in eine schwierige berufliche Situation. Er wurde in ein konkurrierendes Arbeitsteam versetzt unter der Leitung eines Mannes, den er nicht mochte und mit dem er nicht zusammenarbeiten konnte. Er entwickelte daraufhin einen nervösen Tick: Er blinzelte ständig mit einem Auge und zuckte dabei mit dem Kopf. Seine Firma meinte, er solle zu einem Psychiater gehen. Er fragte, ob er nicht vorher zu mir kommen könne.

Ich fing damit an, ihn beim Sprechen in Nahaufnahme, d. h. von der Brust bis zum Kopf, mit der Videokamera zu filmen. Dabei waren seine nervösen Zuckungen deutlich sichtbar. Dann legte ich ihm ein Buch auf den Kopf und sagte ihm, er solle seinen Kopf so weit wie möglich nach oben strecken und das Buch in dieser Stellung im Gleichgewicht halten.

Danach filmte ich ihn wieder in der gleichen Naheinstellung, wobei das Buch außerhalb des Bildes blieb. Schließlich führte ich ihm beide Szenen vor. Und siehe da, in der zweiten Szene hielt er den Kopf still und blinzelte ganz normal mit beiden Augen. Danach waren die nervösen Zuckungen wie weggeblasen.

Als einer der Präsidentschaftskandidaten im Wahlkampf 1988 zu mir in die Beratung kam, hatte er die Gewohnheit, bei jeder Sprechpause seine Lippen mit der Zunge anzufeuchten. Kein einziger seiner politischen Berater hatte ihn je darauf hingewiesen. Ich riet ihm, nach jedem Redeabschnitt seinen Mund sanft zu schließen, so daß seine Zunge während der Pausen nicht herausschnellen könne. Damit war auch diese Angelegenheit gestorben.

Welche anderen Verhaltensweisen wirken ablenkend auf den Zuhörer?

Auf einer Vorstandssitzung beschäftigte sich die mir gegenübersitzende Topmanagerin fünf Stunden lang damit, die Nagelhaut an ihren Fingernägeln zurückzuschieben. Ich wunderte mich, daß die Haut nicht schon bis zum zweiten Fingerknöchel zurückgeschoben war. Nie hatte sie irgend jemand darauf aufmerksam gemacht. Ich muß zugeben, daß ich es auch nicht tat.

Weitere Unarten, vor denen Sie sich in acht nehmen sollten, sind: mit dem Finger oder Schreibgeräten auf dem Tisch bzw. Rednerpult trommeln, mit Büroklammern herumspielen. Einmal führte ich ein Rollenspiel mit dem Generaldirektor eines großen Unternehmens durch, der während der ganzen Beratungsstunde ununterbrochen irgendwelche Büroklammern auf- und wieder zugebogen hatte. Als ich ihn darauf aufmerksam machte, sagte er: »Du liebe Zeit, seit Monaten meckere ich an meiner Verlobten herum, daß sie ihre nervöse Angewohnheit, ständig ›weißte‹, ›weißte‹, ›weißte‹ zu sagen, doch endlich ablegen soll. Aber von meinem eigenen Tick hat sie mir nie etwas gesagt.«

Eine der irritierendsten Angewohnheiten überhaupt ist es, wenn Sie auf Ihrem Block herumkritzeln oder ›Männchen malen‹. Diese Unart ist eine Beleidigung für den Vortragenden. Wenn er sieht, daß Ihr Bleistift am selben Fleck kreist, dann weiß er, daß Sie nur herumkritzeln. Er schließt daraus, daß er Sie langweilt – oder aber, daß Sie ein nervöser Typ sind. Beobachtet der Redner hingegen, wie Ihr Bleistift sich von links nach rechts über die Seite bewegt, so denkt er, daß Sie sich jetzt sicher etwas ganz Wichtiges aufschreiben.

Wenn Sie die schlechte Angewohnheit haben, ständig mit dem Fuß zu wackeln, können Sie sich das ganz einfach abgewöhnen, indem Sie sich vorstellen, Sie hätten eine schwere Bleikugel mit Kette am Fußgelenk. Unruhiges Herumfuchteln oder Hin- und Herrutschen auf Ihrem Stuhl kann Ihre ganze Ausstrahlung zunichte machen. Vermeiden Sie dies durch festes Zusammenhalten Ihrer Hände, die Sie vor sich auf den Tisch bzw. auf das Rednerpult legen.

Die Hände in die Taschen zu stecken ist nicht immer schlecht. Mit einer Hand in der Rocktasche sehen manche Frauen ganz flott aus; eine Hand in der Hosentasche läßt manche Männer locker wirken. Aber Vorsicht, wenn die Hände deshalb in die Hosentaschen rutschen, weil Sie nervös sind und sie irgendwo verstecken möchten. Übrigens: Als Redner mit den Münzen in der Tasche klimpern macht das Publikum doppelt nervös.

Manche Angewohnheiten können geradezu unappetitlich wirken. Jedes Jahr werden zwar Unsummen für die Kaugummiwerbung ausgegeben. Trotzdem sollten Sie sich dieses Produkt lieber für Ihre Mußestunden zu Hause aufheben. Auch wenn das Kauen Sie beruhigt und Ihnen ein angenehmes Gefühl vermittelt, hat es keineswegs eine ähnlich angenehme Wirkung auf Ihre Zuhörerschaft. Die Franzosen stellen keine Spiegel in ihr Eßzimmer, weil sie der Meinung sind, daß das Gesicht nie so häßlich aussieht wie beim Kauen.

Nicht vergessen:

Vermeiden Sie:

- Herumfuchteln
- Herumspielen mit Schreibgeräten und Büroklammern, Herumtrommeln mit den Fingern
- Herumkritzeln und Männchen malen
- Wackeln mit Knien oder Füßen
- Vergraben der Hände in den Hosentaschen, Klimpern mit Münzen
- Kaugummikauen

Äußere Erscheinung – Ihr Aussehen spricht Bände

Wie wichtig ist die äußere Erscheinung eines Sprechers bei einem Vortrag, einer Produktvorführung o. ä.?

Wie Sie aussehen und sich kleiden, kommt der Verpackung eines Produktes gleich, und das Produkt sind natürlich Sie. Früher hatten Firmen und Berufsverbände oft eine Kleiderordnung, die jedoch meist unausgesprochen blieb und nur selten schriftlich festgehalten wurde. Zwar erlassen die meisten Unternehmen heutzutage keine Kleiderordnung oder geben ihren Mitarbeitern auch nur Empfehlungen hinsichtlich ihrer Kleidung oder äußeren Erscheinung, doch im Grunde weiß jeder, daß die Kleidung fast genauso wichtig für die Aufstiegschancen in einer Firma ist wie die Arbeitsleistung.

Der Generaldirektor eines großen Unternehmens schickte einen seiner Geschäftsführer zu mir, damit er sich mit meiner Hilfe auf einen Vortrag vorbereite. Als der Mann aber schließlich in meinem Büro erschien, trug er unter anderem eine grüne Fliege, ein knalliges kariertes Sakko, weiße Strümpfe und braune Schuhe. Er sah aus, als wolle er jeden Augenblick mit einer Stepnummer loslegen. Er brauchte wirklich dringend meine Hilfe! Sein Chef hatte ihm nicht sagen können, wie er mit diesem Aufzug auf andere wirkte; dank meiner Videokamera sah er es dann selbst.

Mit Hilfe der Videokamera kann ich meinen Kunden vieles über ihre äußere Erscheinung verraten, was Vorgesetzte, Berater oder Lebenspartner lieber verschweigen.

Als z. B. der damalige Chef des CIA, William Casey, mit zwei riesigen Leibwächtern an der Seite, zum erstenmal zu einer Beratungsstunde bei mir erschien, fielen mir sofort die Schuppen auf der Schulterpartie seines marineblauen Jacketts auf. Nachdem wir mit der Arbeit an einer Rede fertig waren, die er anläßlich der Hochzeit seiner Tochter vorbereitete, sagte ich: »Mr. Casey, bitte nehmen Sie es mir nicht übel, wenn ich jetzt etwas anspreche, was Ihnen wohl keiner außer mir sagen würde. Wahrscheinlich ahnen Sie nicht, daß Ihre Schultern fast so weiß sind wie die Alpen im Winter.«

Ich gab ihm folgenden Ratschlag: »Bevor Sie morgens aus dem Haus oder im Laufe Ihres Arbeitstages in eine Sitzung gehen, werfen Sie doch einen Blick auf die Schulterpartie Ihres Jacketts und bürsten Sie sie kurz ab, um diesen irritierenden Blickfang zu beseitigen.« Für meinen Ratschlag war er sehr dankbar. Mir fiel auch auf, daß seine Hand beim Händedrücken etwas feucht war, und so brachte ich ihm bei, wie man vor dem Händegeben die Handfläche links unter dem Jackett auf dem Hemd kurz abwischen kann. Das sieht dann so aus, als würde man nur das Jackett etwas zurechtzupfen.

Wie kleidet sich eine Frau für einen Vortrag?

Shakespeare sagte schon: »Was die Mode anbelangt, sei weder in der Vorhut noch unter den letzten.« Sie brauchen den letzten Modeschrei nicht mitzumachen. Heutzutage ist die neueste Mode nämlich leider eher ›Schrott‹ als flott.

Achten Sie auf Ihre Rocklänge. Das tun die anderen auch. Miniröcke in Badeanzuglänge bringen Ihnen sicher eine Menge Aufmerksamkeit ein, können am Arbeitsplatz jedoch eine gewisse Ablenkung darstellen. Rocklängen ändern sich andauernd – rauf, runter, rauf, runter. In diesem Zusammenhang ist die Empfehlung des englischen Dichters Alexander Pope nach wie vor ebenso gültig wie der Ratschlag Shakespeares: »Sei nicht der Erste, der das Neue erprobt, noch der Letzte, der das Alte weglegt.«

Kleiden Sie sich mit PEP! Das sage ich allen meinen Kunden, seit ich diese Beratungstätigkeit ausübe. Fragen Sie sich, welches Gefühl Ihnen Ihre Kleider vermitteln. Sie sollten sich in ihnen wohl fühlen. Sie sollten sich darin gefallen. Wenn Ihre Kleidung Ihre Stimmung hebt, so wirkt sich das auch günstig auf Ihre Vortragsweise aus.

Für Frauen sind jene strengen, unter der Formel ›Dress for Success‹ bekanntgewordenen Richtlinien inzwischen nicht mehr maßgebend. In den siebziger Jahren kleideten sich Geschäftsfrauen nach dieser der Männerkleidung nachempfundenen Stilrichtung, um ihre Gleichberechtigung mit Männern zu betonen; doch heute haben wir das nicht mehr nötig. Die Modekolumnistin der *New York Times,* Nancy Bazelton Goldstone, beschrieb einmal, wie sie einem männlichen Bekannten von den Kostümen, den Fliegen und der Aktentasche erzählte, die sie sich für ihren neuen Job in der New Yorker Finanzwelt angeschafft hatte. »Ach ja?« fragte er interessiert. »Und welches Aftershave benutzt du?«

Untersuchungen an der New York University haben gezeigt, daß Frauen, die diesen Kleidungsstil wählen, ein schwächeres Selbstbewußtsein haben oder über weniger Berufserfahrung verfügen als solche, die sich nicht nach solchen starren Richtlinien kleiden. Frauen haben inzwischen die Uniform abgelegt – oder sollten es schleunigst tun. Sie haben jetzt immer ihren eigenen Stil. Die Farben sind intensiver, der Schnitt ist modisch-elegant, der Gesamteindruck weicher. Zweiteilige Kleider sind en vogue, wie auch Kostüme, die keine bloße Nachäffung von Männeranzügen sind.

Frauen sollten den Halsausschnitt besonders beachten. Der Hals ist gleichsam das Podest für Ihren wichtigsten Signalgeber, Ihr Gesicht. Jeder Ausschnitt bzw. jeder Kragen, der das Gesicht umrahmt oder schmeichelhaft betont, ist richtig.

Lassen Sie Ihren Hals nicht ungeschmückt. Die große

freie Fläche eines ungeschmückten Halses spiegelt das Licht und lenkt die Aufmerksamkeit Ihrer Zuhörer von Ihrem Gesicht weg.

Schmücken Sie Kleider und Blusen mit einer interessanten Brosche oder ein paar Ketten. Manchmal sieht eine Kette aus großen Klunkern reizvoll aus. Bei kleiner Garderobe und eingeschränktem Budget wirken bunte Tücher und Schals wahre Wunder. Der Seidenschalhersteller Hermes veröffentlichte eine Broschüre mit unzähligen Ideen für die Verwendung von Tüchern und Schals. Sie können einen Schal z. B. wie eine Männerkrawatte oder ein Räuberhalstuch binden oder aber als weiche Schleife oder Plastron tragen. Schmücken Sie den Schal oder Ihr Jackenrevers mit einem kleinen Anstecker.

Auf dem Rückflug von London bewunderte ich einmal den Halsschmuck einer der Stewardessen. Sie zeigte mir, daß es in Wirklichkeit keine Kette war, sondern ein Seidentuch, das man in lauter walnußgroße Knoten gebunden hatte. Sie sagte mir, eine Freundin hätte ihr das Tuch so verknotet und sie hätte es so gelassen, weil alle es so bewunderten.

Vermeiden Sie kleine Rundkragen oder steife Kragen nach der Art von Männerhemden; sie sehen entweder klein-mädchenhaft oder allzu streng aus. Tiefe Ausschnitte oder offene Hemdkragen lenken den Blick der Zuschauer von Ihrem Gesicht ab und vermitteln ein falsches Bild.

Eignen sich bestimmte Farben für Auftritte in der Öffentlichkeit besser als andere?

Helen Thomas, Korrespondentin einer großen Presseagentur im Weißen Haus, entdeckte während der Regierung Carter, daß sie auf Pressekonferenzen jedesmal dann vom Präsidenten beachtet wurde, wenn sie ein rotes Kleid anhatte. Die Idee machte Schule; auf der nächsten Pressekonferenz waren nicht weniger als 27 Frauen in Rot gekleidet!

Eine Frau erzählte mir, daß ihr Chef sie darum gebeten hatte, bei Produktvorführungen nicht zu bunt gekleidet zu sein, da sie sonst ihren Kunden die Schau stehlen könnte. Warum sollten Sie aber nicht im Mittelpunkt stehen, wenn Sie ein Produkt vorführen? Achten Sie darauf, daß die Farbe, die Sie tragen, mit Ihnen zusammen ins Zimmer tritt und die Aufmerksamkeit des Publikums auf sich zieht. Tragen Sie eine kräftige, intensive Farbe wie Rot oder Blau, so werden Sie gleichsam mit einer Fanfare angekündigt.

Farben können auch Ihre Stimmung heben. Die Gesundheitskolumnistin Jane Brody meint, daß kräftige Farben helfen können, die Winterdepression zu besiegen. »Rot, Gelb, Orange, Stahlblau, Flaschengrün, Türkis, Pink sind warme, fröhliche Farben«, sagt sie, »nicht nur für den, der sie trägt, sondern auch für jeden, der sie sieht. Der beste Stimmungsheber ist ein farbenfroher Wintermantel, den Sie jeden Tag tragen.«

Wie halte ich es mit Schmuck?

Enganliegende Halsketten, die man früher als Colliers bezeichnete, sind immer günstig. Sie verkürzen die Entfernung zwischen Ihrem Schlüsselbein und Ihrem Kinn und lenken die Aufmerksamkeit Ihrer Zuschauer auf Ihr Gesicht. Wenn Sie einen hochgeschlossenen Kragen tragen, sind lange Ketten oder Perlenstränge eine schöne Zierde.

Ohrringe beleben das Gesicht. Tragen Sie sie mit oder ohne Halstuch. Baumelnde Ohrringe sollten Sie jedoch vermeiden, denn meist haben sie ein Eigenleben. Die ständige Bewegung in Gesichtsnähe kann für den Zuschauer sehr ablenkend sein. Bei gesellschaftlichen Anlässen sind sie akzeptabel.

Ringe und Armreife können schön sein, aber immer in Maßen, und bitte – keine Armreifen, die klimpern!

Und mit Frisur und Make-up?

Die Regel Nummer eins lautet: Seien Sie immer gut gepflegt! Die Frisur muß sitzen und in Form bleiben, während Sie sprechen. Wenn Sie ständig den Kopf zurückwerfen müssen, um die Haare aus dem Gesicht zu halten, so ist das für den Zuhörer äußerst irritierend.

Die Mutter von drei sehr erfolgreichen Töchtern erzählte mir einmal, daß keiner der drei sich jemals schminke. Nach dem Grund dafür befragt, meinten sie, sie fühlten sich so selbstsicher, daß sie es nicht nötig hätten, sich zu schminken.

Ungeachtet dessen, wie selbstsicher Sie sich fühlen oder wie erfolgreich Sie sind: Es gibt kaum eine Frau, deren Aussehen nicht durch zumindest einen Hauch Make-up noch verbessert werden könnte. Wenn Sie mit flauem Magen am Rednerpult stehen und sich insgeheim fragen, was Sie wohl für einen Eindruck auf das Publikum machen, wollen Sie doch sicher die Gewißheit haben, daß Sie so gut wie möglich gut aussehen. Ein blasses, ungeschminktes Gesicht kann leicht ängstlich oder unsicher wirken.

Auch wenn Sie in einem großen Auditorium sprechen, brauchen Sie sich deswegen nicht wie die Hauptdarstellerin von *Tosca* herzurichten. Bedenken Sie aber, daß Sie im Scheinwerferlicht blasser erscheinen und farbloser als sonst aussehen. Bei Scheinwerferlicht sollten Sie sich lieber mit etwas mehr Farbe schminken. Und übrigens: Lippenstift ist ein absolutes Muß.

Make-up hebt das Selbstbewußtsein der Frau, die es trägt. Die meisten Frauen versichern, daß sie sich morgens besser fühlen, nachdem sie sich geschminkt haben. Ich glaube kaum, daß z. B. Liza Minelli sich wirklich wie Liza Minelli fühlt, bevor sie die Wimpern angeklebt hat.

Denken Sie daran, kurz vor Ihrem Auftritt Ihr Make-up zu erneuern oder zumindest aufzufrischen.

Was sollte ein Mann hinsichtlich seiner Kleidung beachten?

Das weiße Hemd und die unauffällige Krawatte waren früher unverzichtbare Requisiten für Männer, die in der Wirtschaft tätig waren, da sie damit vertrauenswürdig wirkten. Inzwischen sieht man das aber alles nicht mehr so eng. Heutzutage tragen auch Finanzberater und Topmanager blaue und dunkelgraue (jedoch nie braune) Anzüge, pastellfarbene Hemden und attraktive Krawatten in passenden Farbtönen und Mustern. Männer in künstlerischen Berufen haben bei der Kleiderwahl einen größeren Spielraum.

Nichts vermittelt den Eindruck von Autorität besser als ein dunkelblauer Anzug. Als ich einmal einem Kunden einen dunkelblauen Anzug empfahl, sagte er: »Alle tragen Dunkelblau, deshalb trage ich Beige, um anders auszusehen.« Daraufhin fragte ich ihn: »Sehen Sie dabei anders und besser oder anders und weniger gut aus?« Die Testfrage lautet: Strahlen Sie Autorität aus? Falls Ihre Haare etwas angegraut sind, können graue Anzüge ebenso vorteilhaft wirken.

Zweireiher und Jacken mit Seitenschlitzen sind ungünstig, es sei denn, Sie sind sehr schlank. Der ehemalige amerikanische Außenminister George Shultz bevorzugte z. B. Zweireiher. Ich sagte ihm, daß er im Stehen darin ganz gut aussehe, aber sobald er sich hinsetze, sähe er aus wie eine Kropftaube. Inzwischen ist er sehr viel schlanker geworden, aber er sieht nach wie vor besser aus, wenn er einen Einreiher ohne Weste trägt.

Hemden sollten blau oder in einem hellen Pastellton sein – pfirsich, gelb, zartrosa. Das sind fröhliche Farben. Warum sollen Männer auf die vorteilhafte, schmeichelnde Wirkung von Farben bei ihrer Kleidung verzichten?

Am Arbeitsplatz meines Mannes sind seine Mitarbeiter jeden Tag von neuem darauf gespannt, was er für ein Hemd anhat. Er versteht es, seine klassisch geschnittenen, doch farbenprächtigen Hemden wunderschön zu kombinieren. Er trägt verschiedene Blau-, Rosa-, Lilatöne, auch ein paar Gelbtöne, und wählt Krawatten, die den Farbton der Hemden aufgreifen. Wenn man ihn sieht, kann man nicht umhin zu lächeln. Sein Aussehen strahlt Wohlbefinden aus.

Strenge weiße Hemden im Bankdirektor-Stil sind nicht mehr angesagt. Als ich einmal einen Gastvortrag auf einem Kongreß von Finanzberatern hielt, verwickelte mich das Publikum in ein großes Streitgespräch über das Thema weiße Hemden. Ein Zuhörer meinte: »Was glauben Sie, was die Leute von mir denken, wenn ich bei einer großen Tagung irgendwo in Hintertupfingen in einem pastellfarbenen Hemd erscheine? Die trauen mir doch nicht über den Weg!« Ich antwortete: »Es kommt darauf an, wie Sie den Saal betreten, wie Sie sich präsentieren – davon hängt es ab, ob Ihre Zuhörer Ihnen trauen, und nicht von einem weißen Hemd.«

Als der Chef eines führenden Automobilkonzerns zu mir in die Beratung kam, trug er ein langweiliges beigefarbenes Hemd und eine schlaff herunterhängende Krawatte im selben Farbton, dazu braune Schuhe. Am Ende der Stunde sagte ich beiläufig: »Ach, wo Sie nächste Woche doch nach Las Vegas fahren, mit einem blauen Blazer und einem blauen Hemd sähen Sie bestimmt ganz schick aus.« Sehr verlegen öffnete er seine Jacke, drehte die Krawatte herum und zeigte mir die Zahlen, die seine Frau in seine Kleidungsstücke genäht hatte, um ihm die Farbkombination zu erleichtern. Doch die Zahlen stimmten nicht überein. Er erklärte, daß seine Frau an dem Tag nicht zu Hause gewesen sei und er sich allein an die Farbkombination herangewagt habe – mit katastrophalen Ergebnissen. Der Mann war nämlich farbenblind.

Als er nach Hause ging und seiner Frau von den blauen Anzügen und pastellfarbenen Hemden erzählte, war sie von der Idee so begeistert, daß sie sich sofort aufmachten und ihm eine völlig neue Garderobe kauften.

Jane Brody empfiehlt für Männer Hemden in Rosa- oder Lachstönen, farbenfrohe Krawatten oder Foulards und witzige Akzente wie einen roten Wollschal oder rote Hosenträger, um sich und ihre Zuhörer aufzuheitern.

Der Halsbereich ist bei Männern genauso wichtig wie bei Frauen. Hierzu ein Beispiel: Vor längerer Zeit wurde ich nach Israel eingeladen, um dem ehemaligen israelischen Premierminister Menachem Begin bei seinen Vorbereitungen für Camp David zu helfen. Ich hatte Interviews mit ihm in den Vereinigten Staaten gesehen und dabei beobachtet, daß die Kragen an seinen strengen weißen Hemden so locker saßen, daß er darin wie ein Todkranker wirkte.

Bevor ich nach Israel flog, telefonierte ich mit Begins Mitarbeitern, um von ihnen zu erfahren, welche Hemdgröße er bis dahin getragen hatte. Ich beauftragte sie, Begin mit einer ganzen Sammlung neuer Hemden einzudecken – und zwar eine Größe kleiner, und natürlich in Pastelltönen, mit farblich darauf abgestimmten Krawatten.

Das erste Foto von Begin, das nach unserer Zusammenarbeit aufgenommen werden sollte, war für die Titelseite des amerikanischen Nachrichtenmagazins *Time*. Ich empfahl ihm, dafür einen blauen Anzug und ein blaues Hemd zu tragen. Begin sagte, er müsse das zuerst mit seiner Frau abklären. Sie gab ihren Segen dazu. Also erschien Begin auf dem Cover von *Time* in Blau.

Der Hemdkragen sollte dicht am Hals anliegen und so geschnitten sein, daß er Ihren Adamsapfel verdeckt. Ein auf- und abhüpfender Adamsapfel kann Ihre Zuhörer sehr ablenken.

Binden Sie Ihre Krawatte fest, so daß der Knoten genau in der Mitte und dicht an Ihrem Hals sitzt. Ebenso wie ein offener Kragen lenkt auch eine allzu locker gebundene Krawatte den Blick der Zuhörer nach unten, d.h. von Ihrem Gesicht weg. Meiden Sie Hemden mit Knöpfen an den Kragenspitzen. Darin wirken Sie eher jung und unerfahren, wie frisch von der Uni; außerdem neigen solche Kragen dazu, Falten um den Hals zu werfen und somit schlampig auszusehen.

Krawattennadeln und Clips, die den Kragen festhalten,

sehen steif aus. Gegen Ende seiner Präsidentschaft trug Jimmy Carter des öfteren einen Kragen-Clip, der ihn etwas muffig wirken ließ.

Fliegen sehen liebenswürdig aus, doch Vorsicht: Sie verleihen ihrem Träger keine Autorität. Beim Pianisten Vladimir Horowitz sind sie genau richtig, denn sie passen gut zu seinem spitzbübischen Image; bei einem Manager wirken sie jedoch zu naiv. Meiden Sie knallige Farbe und großflächige Muster. Eine Krawatte mit relativ kleinem Muster, vorzugsweise in einem marineblauen Grundton, ist immer vorteilhaft. Die Krawatte sollte ungefähr so breit sein wie das Jackenrevers bzw. wie die Länge des Hemdkragens vom Hals bis zur Kragenspitze, ganz gleich, wie die Mode es im Moment vorschreibt. Wenn breitere Revers in Mode kommen, werden auch die Krawatten breiter, und die Hemdkragen werden länger.

Auf eins sollten Sie noch besonders achten: Die Manschetten sollten etwa zweieinhalb Zentimeter aus dem Jackenärmel hervorschauen. Das verleiht einen Hauch Eleganz.

Für Männer sind schwarze Schuhe immer am besten. Aus irgendeinem Grund fallen braune Schuhe unangenehm auf. Braune Schuhe wirken fehl am Platz, es sei denn, Sie sind sportlich gekleidet und tragen eine beigefarbene Hose.

Als der Kolumnist Bill Novack zum erstenmal zu mir in die Beratung kam, um sich auf einen Fernsehauftritt vorzubereiten, trug er einen blauen Anzug, braune Schuhe und Strümpfe, die zu kurz waren, um seine Waden zu bedecken. So war ein Teil seines Beines entblößt, wenn er sich hinsetzte. Mit schwarzen Schuhen und längeren Strümpfen sah er wesentlich gepflegter aus.

Apropos Strümpfe: Als der renommierte Wirtschaftswissenschaftler Peter Drucker einmal im Waldorf-Astoria-Hotel einen Lunch-Vortrag hielt, trug er weiße Strümpfe. Er saß auf der Bühne und baumelte mit dem Bein, wobei seine kurzen weißen Strümpfe um seine Knöcheln Falten warfen und einen Teil seiner Waden entblößten.

Das lenkte sehr von seinem Vortrag ab. Männer sollten lange – bis zu den Knien reichende – und dunkle – niemals weiße – Strümpfe tragen.

Auf einer Tagung von Führungskräften verschiedener Erdölkonzerne deutete ich neulich im Publikum auf einen Mann, der, wie ich meinte, wirklich situationsgerecht gekleidet war. Er trug einen marineblauen Anzug, ein blaues Hemd, eine gemusterte Krawatte. Ich bat ihn aufzustehen.

Da ging ein Gegröle und Gejohle durch den ganzen Saal. »Sie haben seine Schuhe nicht gesehen!« rief mir einer seiner Kollegen zu. Der Mann hielt seinen Fuß hoch, und siehe da, er trug doch tatsächlich weiße Schuhe an den Füßen.

Wie steht es mit Schmuck für Männer?

Ein Mann, der in einem meiner Seminare einen Diavortrag hielt, trug einen College-Ring an seinem Mittelfinger, der auf mich ablenkend wirkte. Ein anderer trug zwei Ringe an einer Hand. Männer, die zu viele Ringe an einer Hand oder einen Ring am falschen Finger tragen, strahlen weniger Autorität aus.

Worauf sollten Männer bei ihrer Frisur achten?

Männer sollten die Haare nicht in die Stirn hängen lassen. Ponyfransen verbergen die Augen, d.h. den Teil des Gesichts, worauf der Blick des Zuhörers gerichtet sein soll. Hodding Carter, damals der Pressesekretär Jimmy Carters und auch heute noch oft im amerikanischen Fernsehen zu sehen, hatte eine Art Tolle in der Stirn hängen, die ihm fast bis zu den Augenbrauen reichte. Ich brachte ihn dazu, seine Haare mehr zu seinem natürlichen Haaransatz hin zu frisieren, damit das obere Drittel seines Gesichts nicht hinter seiner Haarsträhne verschwand. Und mit einem Schlag wirkte er doppelt so überzeugend.

Tragen Sie auf keinen Fall einen Mittelscheitel. Ein Mann mit Mittelscheitel wirkt eher wie ein Regensburger Domspatz als wie ein Manager. Mit Seitenscheitel strahlen Sie wesentlich mehr Autorität aus.

Meiden Sie auch allzu auffallende Frisuren. Ein gutaussehender junger Werbefachmann ließ sich einen extrem kurzen Bürstenschnitt verpassen. Er wirkte fast wie ein Punker. Die Frisur stand ihm nicht, aber sie gefiel ihm, weil sie der letzte Schrei war. Nach sechs Monaten rief er bei mir an, um mir zu sagen, daß er sich die Haare wieder habe wachsen lassen und daß seine Mitarbeiter ihn nun ernster nähmen.

Wie steht es mit Bärten und Schnurrbärten?

Ich liebe Bärte. Männer sehen damit so vertrauenerweckend aus. Männern mit Bärten (sofern sie schön gleichmäßig gewachsen sind) traut man instinktiv. Schneiden Sie und pflegen Sie Ihren Bart ebenso gewissenhaft, wie Sie es mit Ihren Haaren tun.

»Wie sehr ein Schnurrbart ein Gesicht dominiert!« schreibt Otto Friedrich. »Wenn Adolf Hitler seine Oberlippe rasiert hätte und dann spazierengegangen wäre, hätte ihn dann irgend jemand noch erkannt? Oder einen frisch rasierten Errol Flynn? Oder Groucho Marx?«

Psychologen behaupten, ein Schnurrbart sei eine ›Verzierung zum Zweck der Tarnung‹. Auch wenn der Schnurrbartträger vordergründig seinen Körper zieren will, besteht – so die Psychologen – seine eigentliche Intention darin, etwas zu verbergen, was ihn unsicher macht. Der Kolumnist Russell Baker führt die wachsende Beliebtheit des Schnurrbarts auf den zunehmenden Gebrauch von Alkohol und Rauschgift zurück, weswegen »junge Männer morgens aus ihrem Bett kriechen und zu zittrig sind, um den Gesichtsteil, der ihrem Kußorgan am nächsten ist, zu rasieren, ohne sich dabei aufs schlimmste zu verstümmeln«.

In Wirklichkeit gibt es drei Gründe, weshalb ein Mann einen Schnurrbart trägt: um älter auszusehen, um schlechte Zähne zu kaschieren, oder weil seine Frau das Kitzeln mag. Manchmal verbessert ein Schnurrbart das Aussehen des Trägers, oft beeinträchtigt er es aber. Sehr auffällige Schnurrbärte, etwa im Stil von Dschingis Khan, müssen einfach weg. Manchmal komme ich mir vor wie Delila, weil schon so viele Männer meinetwegen ihre Haare haben lassen müssen!

Um festzustellen, ob Ihr Schnurrbart Ihnen wirklich steht, machen Sie den Finger-Abdeck-Test. Gehen Sie zum Spiegel, halten Sie auf jeder Seite einen Zeigefinger über den Schnurrbart und dann reden Sie. Wie sehen Sie besser aus – mit oder ohne? Falls Sie sich unschlüssig sind, holen Sie sich eine objektive Meinung ein (Ihre Frau ist nicht objektiv). Wenn Sie ohne Schnurrbart attraktiver aussehen, rasieren Sie ihn ab.

Ganz gleich, um welche Uhrzeit Sie Ihren Vortrag halten: Sie müssen glatt rasiert aussehen. Wenn Sie sich dafür zweimal am selben Tag rasieren müssen, dann kommen Sie eben nicht drum herum.

Wenn wir uns schon über Haare unterhalten, so möchte ich Sie darauf hinweisen, welchen Effekt Augenbrauen auf Ihre äußere Erscheinung haben können. Ein amerikanischer Senator älteren Semesters bat mich einmal, ihn mit meiner Videokamera im Wohnzimmer seines Hauses in Washington zu beraten. Er schlurfte behäbig ins Zimmer. Er sprach sehr langsam. Er wirkte alt.

In einem passenden Augenblick sagte ich: »Herr Senator, da gibt es drei Dinge, die Sie energielos wirken lassen, wo ich doch genau weiß, daß Sie ein Mann voller Elan sind. Erstens: Wenn Sie in einen Raum kommen, egal welchen Raum, dann schreiten Sie würdevoll. Zweitens: Sprechen Sie immer mit Schwung. Drittens: Ist Ihre Frau im Haus? Hat sie vielleicht etwas Wimperntusche? Könnte sie mir welche herbringen?«

Der Senator hatte wunderschöne weiße Haare, aber er hatte auch weiße Augenbrauen, die das Scheinwerferlicht reflektierten und ihn alt erscheinen ließen. Ich trug braune Wimperntusche auf seine Augenbrauen auf, um ihm zu beweisen, daß er um mindestens fünfzehn Jahre jünger aussehen könnte, wenn er sich seine Augenbrauen färben würde. Seither habe ich ihn nicht mehr mit weißen Augenbrauen gesehen.

Für den texanischen Abgeordneten und Sprecher des Abgeordnetenhauses Jim Wright sind buschige, überwuchernde Augenbrauen ein persönliches Markenzeichen. Sie wurden schon - bewundernd - mit den Heckflossen eines Buicks, Jahrgang 1961, verglichen. Beauftragt, ihn für das Fernsehen herauszuputzen, scheuten auch die überzeugendsten Medienberater davor zurück, ihn dazu zu bringen, sie zu stutzen. »Ohne Substanz wirkt auch kein Image«, behauptet Wright, und so bleiben die Augenbrauen, wie sie sind.

Wie zieht man sich an, wenn man an einem Urlaubsort einen Vortrag hält?

Wenn Ihr Vortrag bzw. Ihre Vorführung in einem zwanglosen Umfeld stattfinden soll, könnten Sie vielleicht meinen, Jackett und Krawatte seien keine angemessene Kleidung. Doch anstatt sich wie Ihr Publikum anzuziehen, ziehen Sie sich lieber so an, daß Sie Autorität ausstrahlen. Selbst wenn Ihre Zuhörer in Polohemden und Sporthosen erscheinen, tragen Sie Krawatte, Hemd und Sakko. Rollkragenhemden sehen zu lässig aus.

Es kommt Ihnen fast immer zugute, wenn Sie sich formeller kleiden als Ihre Zuhörer, egal in welcher Umgebung Sie Ihren Vortrag halten. Ein Imageberater wurde von einer Steuerberatungsfirma in Los Angeles zu Rate gezogen, um das Image der Firma aufzupolieren. Der Geschäftsführer war davon überzeugt, daß Filmschauspieler, die in Leder und Goldketten daherkamen, ihre Geschäftsangelegenheiten nicht gerne einem konserativ gekleideten Steuerberater anvertrauen würden. Der Berater konnte ihn vom Gegenteil überzeugen, und inzwischen hat die Firma neunzehn Filialen.

Diese Empfehlung gilt auch für Frauen. In jeder Vortragssituation steigern Sie Ihre Autoriät, wenn Sie sich eher elegant als zu lässig kleiden. Tragen Sie niemals Hosen, wenn Sie einen Vortrag halten. Wenn Sie abends sprechen und wissen, daß Ihre Zuhörer unmittelbar von der Arbeit in den Vortrag kommen, kleiden Sie sich so, wie wenn Sie nach der Arbeit ins Theater gehen würden. Natürlich sollten Sie sich auch nicht übertrieben vornehm anziehen.

Haben es Menschen mit Übergewicht schwerer, Autorität auszustrahlen?

Es dauert länger, bis man Menschen mit Übergewicht traut bzw. sich von ihnen überzeugen läßt. Es entsteht der Eindruck, daß es jemandem, der nicht die nötige Disziplin oder Vernunft aufbringt, für sich das Richtige zu tun, ebenfalls an diesen Qualitäten mangeln wird, um das Richtige für den Kunden zu tun.

Kürzlich hatte ich in einem Managerseminar in Houston einen Teilnehmer, der 1,80 Meter groß und gut 100 Kilogramm wog. Er vertraute mir an, daß er aufgrund seines Gewichts in seiner Firma Schwierigkeiten hatte, ernstgenommen zu werden. Ich fragte ihn, wann er Geburtstag hätte. Es stellte sich heraus, daß er nur drei Tage vor mir Geburtstag hatte. So schlug ich ihm vor: »Machen Sie uns beiden ein Geburtsgeschenk. Nehmen Sie dreißig Pfund ab.« Und er schaffte es.

Einen solchen Deal machte ich auch mit einer aufstrebenden jungen Mitarbeiterin einer Werbeagentur. Ich zeigte ihr auf dem Video eine Nahaufnahme von ihrem Gesicht. Sie sah blendend aus – violette Augen wie Elizabeth Taylor, dunkelbrünettes Haar. Dann fuhr ich mit der Kamera zurück, und sie konnte sehen, daß sie fünfundzwanzig Pfund Übergewicht hatte. Ich bot ihr an, ihr eine

Gratisstunde zu geben, wenn sie zwanzig Pfund abnähme. Sechs Monate später kam sie wieder – dreißig Pfund leichter. Der Ansporn war, sich als schöne, schlanke Frau auf dem Video zu sehen.

Ist es besser, ohne Brille aufzutreten?

Brillen spiegeln nicht nur das Licht, sondern berauben Sie auch zweier wichtiger Signalgeber: Ihrer Augen und Ihres Gesichts.

Brillen mit Metallgestell und doppeltem Steg sind am schlimmsten. Sie sind unvorteilhaft und lenken vom Gesicht ab.

Die schwarze Lakritz-Brille von Menachem Begin gab ihm etwas Bedrohliches. Bevor ich nach Israel kam, um mit ihm zu arbeiten, teilte ich ihm telefonisch mit, daß er sich ein neues Brillengestell zulegen solle. Er folgte meinen Anweisungen ohne Widerrede.

Falls Sie ohne Brille das Publikum nicht sehen können, stehen Ihnen drei Möglichkeiten zur Auswahl: Sie können Ihre Eingangsworte ohne Brille vortragen und diese dann für den weiteren Verlauf Ihres Vertrags aufsetzen. Sie können eine Brille mit entspiegelten Gläsern tragen, die Ihre Augen deutlicher erkennen lassen. Das sieht dann sogar fast so aus, als seien in dem Gestell überhaupt keine Gläser. Oder Sie können Kontaktlinsen tragen.

Die meisten meiner Kunden stellen fest, daß es ihnen leichter fällt, ohne Brille vorzutragen, als sie gedacht hätten. Wenn Sie Ihr Manuskript in großen, dunklen Buchstaben aufgeschrieben haben, werden Sie es auch ohne Brille lesen können. Wenn Sie Ihre Redeabschnitte links durchnumeriert haben und sie mit dem Finger verfolgen, können Sie den Überblick nicht verlieren. Wenn Sie Ihren Vortrag mindestens viermal laut geübt haben, sind Sie damit so vertraut, daß Sie ihn nicht ablesen müssen.

Kein Mensch kann in einem großen Auditorium oder Konferenzsaal bis ganz nach hinten sehen, selbst bei hundertprozentiger Sehkraft. Wenn Sie so aussehen, als wollten Sie mit Ihrem Zuhörer Blickkontakt herstellen, wird er die Absicht von der Tat nicht unterscheiden können.

Nicht vergessen:

- Farbe
- Halsbereich
- Kleiderstil
- Schmuck
- Haare
- Bärte und Schnurrbärte
- Make-up
- Brille

Atmosphäre – Der Rahmen muß stimmen

Was sollte man über den Raum wissen, in dem man den Vortrag zu halten hat?

- Wie groß ist der Raum?
- Wie ist er angeordnet?
- Gibt es ein Rednerpult und ein Mikrophon?
- Steht das Rednerpult auf einem Podium oder auf gleicher Ebene mit dem Publikum?

Wenn Sie sich schon vorher über diese Punkte beim Programmveranstalter erkundigen, können Sie den Rahmen für Ihren Vortrag nach Ihren eigenen Vorstellungen bestimmen. Dann ist Ihnen die Umgebung, in der Sie sprechen werden, schon vertraut, und Sie vermeiden dadurch böse Überraschungen in letzter Minute, die Sie womöglich aus dem Konzept bringen.

Wenn Sie am Rednerpult vor einem Publikum stehen, wird das Pult zu Ihrem Podest. Es verleiht Ihnen Gewicht und Autorität. Das Pult sollte hoch genug sein, damit Sie sich nicht bücken müssen, um Ihr Manuskript zu sehen, und niedrig genug, damit Sie nicht auf Zehenspitzen stehen müssen, um Ihren nächsten Abschnitt abzulesen.

Samuel Newhouse, Stifter des neuen Samuel-I.-Newhouse-Instituts für Kommunikationswissenschaften an der Syracuse University im US-Bundesstaat New York, ist nur 1,52 Meter groß. Als er zur Eröffnung des Instituts seine Ansprache hielt, stand er am Rednerpult mit einem quadratischen Barett auf dem Kopf. Von ihren Plätzen aus sahen die Zuhörer nur sein Barett auf- und abwippen.

Wenn Sie klein gewachsen sind, brauchen Sie eine mindestens fünf Zentimeter dicke Unterlage, auf der Sie hinter dem Rednerpult stehen können.

Wenn Sie sehr groß sind, muß die Ablagefläche des Pults erhöht werden. Zum Glück sind die meisten Pulte heutzutage verstellbar. Falls dies nicht der Fall ist, benutzen Sie ein dickes Telefonbuch, um die Ablagefläche auf eine bequeme Höhe zu bringen.

Prüfen Sie, ob die Ablagefläche im richtigen Winkel geneigt ist. Ihre Aufzeichnungen sollten so hoch wie möglich auf der Ablagefläche des Rednerpults liegen, damit Ihre Augen einen möglichst kurzen Weg zwischen Ihrem Manuskript und den Augen Ihrer Zuhörer zurückzulegen haben. Auf jeden Fall sollte die Ablagefläche am unteren Ende eine Leiste haben, damit Ihr Manuskript nicht abrutscht.

Ist die Leiste zu weit unten, können Sie sich auch eine in der für Sie richtigen Höhe improvisieren. Bringen Sie ein Lineal dort an, wo Sie Ihre Leiste haben möchten, und befestigen Sie es mit Fensterkitt (oder notfalls auch mit Kaugummi).

Es ist auch immer ratsam, ein Blatt weißes Papier und Klebeband dabeizuhaben, um die Lampe am Rednerpult abdecken zu können, damit das Licht Sie nicht blendet und wie ein Scheinwerfer Ihren Adamsapfel anstrahlt.

Wie sieht die optimale Sitzordnung aus?

Als ich vor Jahren mein erstes Seminar im Hotel St. Moritz in der 59. Straße West in New York abhielt, war der Seminarraum mit Stühlen im Louis-XVI.-Stil, d. h. mit tiefer, breiter, gepolsterter Sitzfläche und gerader Rückenlehne, ausgestattet. Seither benutze ich in meinen Seminaren immer diese Art von Stühlen.

Die Sitzfläche dieser Stühle ist breit genug, und die Rückenlehne ist hoch genug und bietet soviel Stütze, daß fast jeder bequem darin sitzen kann, selbst ein Basketballspieler – und ich hatte schon mehr als einen unter meinen Kunden. Ein Stuhl mit geradem Rücken, der zum aufrechten Sitzen anhält, ist der ideale Stuhl zum Zuhören. Sitzt Ihr Zuhörer aufrechter, so ist seine Aufmerksamkeit auch größer.

Die Anordnung der Stühle hat einen großen Einfluß auf die Reaktion der Zuhörer. Die erste Reihe sollte möglichst nah am Rednerpult sein. Eine breite Kluft zwischen Sprecher und Zuhörern hindert Sie daran, mit Ihren Zuhörern einen herzlichen Kontakt aufzunehmen.

Stühle in geraden Reihen oder lange Stuhlreihen ohne Mittelgang schaffen eine kalte, anonyme Atmosphäre. Das erlebte ich einmal, als ich vor dem Verband amerikanischer Werbeagenturen in Boston sprechen sollte.

Mein Vortrag war nach der Kaffeepause angesetzt. Während die anderen ihren Kaffee tranken, ging ich ins Auditorium und sah, daß die Stühle in langen, geraden Reihen angeordnet waren. Der Raum strahlte die Behaglichkeit einer Bahnhofswartehalle aus. Während der Pause stellte ich mit Hilfe eines Pagen die Stühle um und ordnete sie im Halbkreis mit einem Mittelgang an.

Schicken Sie also dem Programmveranstaler einen Plan der Raumanordnung, die Sie haben möchten – eine Bogen- oder Halbkreisform mit Mittelgang zwischen den Stuhlreihen. Diese Anordnung schafft eine freundlichere Atmosphäre im Raum. Ihre Zuhörer sehen die Reaktionen der anderen und reagieren nicht nur auf Sie, sondern auch aufeinander. Selbst in einem riesigen Saal schafft eine solche Sitzordnung eine wärmere, herzlichere Atmosphäre.

Wie sollte der Raum bei einer Produktvorführung im Büro gestaltet sein?

In einem Büroraum ist ein ovaler oder runder Tisch die beste Tischform, um Ihr Produkt an den Mann zu bringen. Mit dieser Form werden bürokratische Hierarchien und

Machtstrukturen aufgebrochen, und Sie haben zu jedem Zuhörer in gleichem Maße Zugang.

Allerdings gibt es in den meisten Büroräumen nur rechteckige Tische. Stellen Sie sich in diesem Fall an ein Tischende und bitten Sie Ihre Zuhörer, mit ihren Stühlen etwas vom Tisch wegzurücken und sich Ihnen zuzuwenden. So stellen Sie leichter den Blickkontakt her.

Handelt es sich um ein Gespräch unter vier Augen in einem Büroraum, so ziehen Sie Ihren Stuhl nah an den Tisch heran und stellen Sie sich vor, Sie würden ein zwangloses Gespräch beim Abendessen führen. Kommt der Kunde zu Ihnen ins Büro, dann sitzen Sie hinter Ihrem Schreibtisch – das verleiht Ihnen mehr Autorität. Doch bieten Sie Ihrem Kunden auch einen bequemen Sessel auf der anderen Seite des Schreibtisches an. Darin sitzt er bequemer und fühlt sich wichtiggenommen.

Sessel stellen Sie und Ihren Zuhörer auf die gleiche Ebene; Stühle ohne Armlehnen setzen die Bedeutung eines Zuhörers herab. Wollen Sie einem Gesprächspartner ein Gefühl von Bedeutungslosigkeit vermitteln, so bieten Sie ihm einen Stuhl ohne Armlehnen an. Einen Wichtigtuer setze ich z. B. immer in einen Stuhl ohne Armlehnen. Das nimmt ihm den Wind aus den Segeln.

Welche Rolle spielt die richtige Beleuchtung?

Vor nicht allzulanger Zeit mußte ich im Sheraton Hotel in New York vor über 2000 Zuhörern sprechen. Ein paar Tage vor dem Vortrag ging ich ins Hotel, um mir den Vortragssaal anzusehen. Es fand gerade ein Mittagessen statt. Der Saal war fast völlig abgedunkelt, und das Gesicht des Sprechers war nur von einer Seite angestrahlt. Einseitige Beleuchtung läßt einen Sprecher bedrohlich erscheinen. Ich sprach mit dem Programmveranstalter und vereinbarte mit ihm, daß ich bei meinem Vortrag voll von vorne angestrahlt würde.

Am Rednerpult ist die frontale Beleuchtung ihres Gesichts am vorteilhaftesten. Bei der Generalprobe des Musicals ›Der König und ich‹ erteilte mir die Schauspielerin Gertrude Lawrence eine wertvolle Lektion über Beleuchtung. Mit einem Taschenspiegel schritt sie die ganze Bühne ab, um zu prüfen, ob ihr Gesicht von der Bühnenbeleuchtung richtig angestrahlt war und ob die Farbe des Lichts auch dem Rosaton entsprach, der ihrem Teint am besten schmeichelte.

Eine Frau sollte vor dem Auftritt die Beleuchtung mit einem Taschenspiegel prüfen. (Ein Mann hat meist keinen Taschenspiegel bei sich, also muß er sich einen leihen.) Vergewissern Sie sich, daß Ihr ganzes Gesicht angestrahlt wird und Ihre Augen nicht dunklen Höhlen gleichen. Ohne Augenkontakt können Sie das Herz und die Seele Ihres Zuhörers nicht erreichen. In Schatten gehüllte Augen sind tote Augen, Augen ohne Botschaft.

Für Frauen, die öffentlich sprechen, gibt es nichts Schlimmeres als Neonlicht. Solches Licht ist kalt und denkbar unvorteilhaft für die Sprecherin – und den Sprecher. Da sich unter meinen Kunden mehrere namhafte Kosmetikfirmen befinden, flehe ich sie seit geraumer Zeit an, für Frauen ein Make-up zu entwickeln, das den häßlichen Effekt der Neonlampen in den meisten Büroräumen ausgleicht. Bisher jedoch ohne Erfolg.

Machen Sie sich einmal bewußt, wie unterschiedlich Sie sich in normalem Licht und in Neonlicht fühlen. Das Licht von normalen Glühbirnen ist hautfarben, rosagetönt – d. h. warm. Das Licht von Neonlampen ist blau, also kalt. Neonlampen zeigen niemanden von seiner besten Seite. Wissenschaftler haben entdeckt, daß Ratten rastloser und nervöser werden, wenn sie für längere Zeit Neonlicht ausgesetzt wurden. Stellen Sie sich vor, wie sich dieses Licht auf Sie auswirkt, wenn Sie einem Vortrag halten!

Überprüfen Sie deshalb immer vorher den Vortragssaal und informieren Sie sich über die Beleuchtung. Wenn Sie Ihren Vortrag in einer anderen Stadt halten sollen, so teilen Sie Ihre Wünsche dem Programmveranstalter vorher schriftlich mit. Gehen Sie nach Ankunft an Ihrem Vortragsort mindestens ein oder zwei Stunden vor Ihrem Auftritt in den Vortragssaal und sehen ihn sich an. Es ist nie zu früh, und Sie sollten sich immer die nötige Zeit nehmen, um die Möglichkeit zu nutzen, für Ihren Vortrag einen günstigen Rahmen zu schaffen.

Wie prüfe ich die Lautsprecheranlage?

Einem Sprecher zuzuhören, den man nur schlecht hören kann, ist wie bei abgedrehtem Ton fernsehen. Der Zuhörer konzentriert sich statt dessen auf andere Dinge – z. B. darauf, wie Sie Ihren Mund bewegen.

Prüfen Sie deshalb immer die Lautsprecheranlage im Vortragssaal, bevor Sie Ihren Vortrag halten. Bitten Sie den Tontechniker im Saal zuzuhören, während Sie am Rednerpult stehen und ins Mikrophon sprechen. Ist die Lautstärke richtig ausgesteuert? Lassen Sie mehr Bässe als Höhen einstellen; das verleiht Ihrer Stimme einen tieferen, wärmeren Klang.

Außerdem ist es wichtig, daß Sie ein Gespür für die Entfernung zwischen Ihrem Mund und dem Mikrophon bekommen. Kriechen Sie nicht ins Mikrophon hinein. Falls Sie ein Handmikrophon benutzen, halten Sie es in Mundhöhe, doch nicht zu nahe an Ihren Mund, sonst ›knallt‹ es bei den Explosivlauten. Sprecher, die ein Handmikrophon benutzen, neigen dazu, wie ein Löwe im Käfig auf und ab zu gehen. Sie strahlen mehr Autorität aus, wenn Sie stillstehen.

Falls Sie in einem kleinen Raum oder vor einer kleinen Gruppe sprechen, überlegen Sie sich, ob Sie wirklich ein Mikrophon brauchen. Wenn Sie Ihre Stimme mit Energie – also nicht unbedingt mit Lautstärke – zum Tragen bringen und die Wände Ihre Stimme wieder zurückstrahlen, brauchen Sie keine Verstärkung.

Was ist die ideale Raumtemperatur, damit die Zuhörer aufmerksam bleiben?

Ein allzu warmes Zimmer läßt die Aufmerksamkeit des Zuhörers erlahmen, besonders wenn Sie Ihren Vortrag nach dem Mittagessen zu halten haben. Vollklimatisierte Luft, die den Zuhörer vor Kälte zittern läßt, lenkt seine Aufmerksamkeit ab, weil er nur noch daran denkt, wie er irgendwie wegkommen kann. Auch verrauchte oder abgestandene Luft macht den Zuhörer unruhig, weil dabei weniger Sauerstoff ins Blut gelangt und das Atmen erschwert wird.

Eine eher kühle Raumtemperatur mit frei zirkulierender Luft schafft den besten Rahmen, in dem Sie am ehesten die Aufmerksamkeit des Zuhörers wachhalten können. Manchmal ist es nicht möglich, diese äußeren Bedingungen zu beeinflussen. Doch fragen Sie zumindest nach.

Gibt es vor meinem Vortrag noch etwas zu bedenken?

Als letztes sollten Sie bei der Überprüfung des Vortragsraums einen Probelauf machen: Gehen Sie von Ihrem Platz zum Rednerpult. Achten Sie auf Unebenheiten im Boden oder gefährliche Elektrokabel, über die Sie stolpern könnten. Wenn Ihre Füße den Weg kennen, können Ihre Augen vom Zeitpunkt Ihres Aufstehens an bis zu Ihren aufrüttelnden Eingangsworten nach oben gerichtet bleiben.

Nicht vergessen:

- Vortragsraum
- Rednerpult
- Sitzordnung
- Beleuchtung
- Lautsprecheranlage
- Raumtemperatur

Woran erkenne ich, ob ich ein überzeugender Sprecher bin?

Nun heißt es, die Videokamera wieder herauszuholen. Jetzt machen Sie Ihre ›Nachher‹-Aufnahme. Bitten Sie jemanden, Sie mit der Kamera zu filmen. Stellen Sie sich, voll auf die Vortragssituation eingestimmt, genau dorthin, wo Sie die ›Vorher‹-Aufnahme gemacht haben. Tragen Sie Kleidung, die Ihnen Autorität vermittelt, halten Sie Ihren Vortrag genau wie im Ernstfall, sehen Sie vom Manuskript auf und lassen Sie Ihren Blick durch den Raum schweifen, spannen Sie die Muskeln des Energie-Dreiecks an und murmeln das Sarnoff-Mantra vor sich hin.

Sehen Sie sich noch einmal Ihre ›Vorher‹-Aufnahme an, bevor Sie Ihre ›Nachher‹-Aufnahme ansehen, um Ihren Erfolg zu prüfen. Spielen Sie dann Ihre ›Nachher‹-Aufnahme ab. Sie werden sofort erkennen, welche Fortschritte Sie gemacht haben.

Wo sieht man den Unterschied? Hauptsächlich in der Augenpartie.

Vorher: Der Ausdruck der Augen ist negativ.
Nachher: Die Augen blicken selbstbewußt. Die durch Unsicherheit und Selbstzweifel verursachte Anspannung ist wie weggeblasen.
Vorher: Sie sehen am Rednerpult unsicher aus.
Nachher: Sie strahlen Autorität und Sicherheit aus.
Vorher: Sie sehen steif und verklemmt aus.
Nachher: Ihr Gesicht strahlt Freude und Gelöstheit aus. Ihr Gesichtsausdruck ist lebendig.
Vorher: Ihre Vortragsweise ist ausdruckslos, gezwungen.
Nachher: Sie haben Energie und Schwung. Im Vergleich zu vorher wirken Sie wie befreit.

Die ›Nachher‹-Aufnahme – selbstbewußt und völlig angstfrei: Das sind *Sie*.

Besondere Tips für Stegreifreden und Eingangsworte

Was mache ich, wenn ich eine Rede aus dem Stegreif halten muß?

Wenn Sie auf eine Tagung oder Sitzung gehen, stellen Sie sich gleich von vornherein darauf ein, daß Sie auch einen mündlichen Beitrag leisten werden. Selbst wenn Sie nicht als Redner eingeplant sind, kann es trotzdem gut möglich sein, daß man Sie um einen Beitrag bittet. Was haben Sie schon durch eine entsprechende Vorbereitung im voraus zu verlieren?

Falls es Sie aber doch völlig unvorbereitet trifft und Sie spontan etwas aus dem Ärmel schütteln müssen: Hier ein paar Tips für Stegreifreden oder improvisierte Eingangsworte:

1. Aufmerksamkeit wecken
   Publikum ansprechen
   Anekdoten, Analogien verwenden
   Ratschläge geben

2. Engagement ausstrahlen
   Eine Linie verfolgen
   Anteilnahme übermitteln
   Eine Herausforderung bieten

3. Beweise liefern
   Beispiele bringen
   Experten zitieren

4. Einen wirkungsvollen Schluß bringen
   Vorschläge machen
   Lösungen anbieten

Einen Ausblick geben
Zum Handeln inspirieren

Notieren Sie zwei, drei Ideen, während die anderen Teilnehmer noch reden, stellen Sie eine logische Verknüpfung zwischen ihnen her, denken Sie sich eine originelle Einleitung und einen wirkungsvollen Schlußsatz aus, und *voilà* – da haben Sie schon Ihre Stegreifrede.

Ein Freund von mir hat immer eine Reihe von Zitaten auf Lager und kann im Nu etwas Passendes hervorzaubern. Sammeln Sie für solche Anlässe Ihre eigenen Zitate. Verlassen Sie nie eine Sitzung, ohne sich mit irgendeinem Gedanken oder irgendeiner Idee zu Wort gemeldet zu haben.

Was mache ich, wenn mein Vorgesetzter oder ein Kollege in letzter Minute ausfällt und mich bittet, für ihn einzuspringen und einen Vortrag zu halten?

Eröffnen Sie Ihren Beitrag mit einer auflockernden Bemerkung. Sagen Sie irgend etwas Lockeres wie: »Sind Sie nicht froh, daß ich da bin? Ohne mich hätten wir gleich einpacken können.« Oder: »Für manchen Ersatzmann war es der Beginn einer brillanten Karriere, wenn er für den Hauptdarsteller einspringen mußte.«

Verwenden Sie seine Vorlage und seine Dias. Wenn Sie sich verhaspeln, machen Sie einen Witz daraus. Sagen Sie: »Das kommt davon, wenn man die Unterlagen von anderen benutzt.« So werden Stars geboren.

Und wenn ich selbst einen Sprecher vorstellen muß?

Bei einem Abendprogramm, bei dem der Abenteurer und Bergsteiger Sir Edmund Hillary als Hauptredner eingeladen war, saßen acht Sprecher außer ihm auf der Rednerbühne. Bevor Hillary überhaupt zu Wort kam, stand jeder dieser acht Sprecher auf und erzählte von seinen Erfahrungen mit Hillary. Keine einzige dieser Vorstellungen dauerte weniger als zehn Minuten. Man konnte zusehen, wie Hillary immer wütender wurde.

Dann stand der Vorsitzende auf, um Hillary vorzustellen, und sprach weitere zehn Minuten. Das machte insgesamt über eine Stunde Vorstellungszeit.

Schließlich ging Hillary selbst zum Rednerpult, sprach drei Minuten lang über seine Floßfahrt auf dem Colorado und setzte sich wieder hin. Kann man es ihm verübeln?

Eine Vorstellung - und das bedeutet die Gesamtvorstellungszeit - sollte nie eine Minute überschreiten. Das sind etwa 120 Wörter. Es sei denn, es handelt sich um einen heimkehrenden Helden. Aber die sind rar.

Der optimale Einsatz von visuellen Hilfsmitteln

Worauf muß ich beim Einsatz von Dias oder anderen visuellen Hilfsmitteln achten?

David Ogilvy sagte einmal, die Dämonen öffentlicher Vorträge seien visuelle Hilfsmittel; bei ihnen bestünde die größte Wahrscheinlichkeit, daß sie nicht richtig funktionieren.

Sie können gar nicht oft genug nachprüfen, ob Ihre Dias richtig eingelegt sind und daß der Diaprojektor, den Sie benutzen, auch wirklich funktionstüchtig ist. Oft zeigen solche Geräte ausgerechnet während der Vorführung ihre Tücken. Wie viele Sprecher kamen schon in Verlegenheit, weil ihre Dias sich im Projektor verklemmten. Danach war der Vortrag praktisch gelaufen.

Sie haben bestimmt schon einmal von Murphys und von Parkinsons Gesetz gehört. Hier ist Sarnoffs Gesetz: Die Gefahr einer Katastrophe im Zusammenhang mit der Benutzung von visuellen Hilfsmitteln ist direkt proportional zur technischen Komplexität der von Ihnen verwendeten Geräte. Sorgen Sie im Falle eines wichtigen Vortrags lieber dafür, daß ein Techniker jederzeit zur Verfügung steht – d. h. nicht nur während der Vorführung, sondern auch während des Probelaufs.

Wenn Sie dem Veranstalter vorher Ihre Wünsche mitteilen, geben Sie gleichzeitig auch an, was für Vorführgeräte Sie verwenden wollen. Seien Sie möglichst präzise. Informieren Sie sich, ob Ihre Magazine auch in den Diaprojektor passen. Viel sicherer ist es allerdings, wenn Sie Ihre eigenen Magazine mit bereits eingelegten und dreimal kontrollierten Dias mitnehmen. Teilen Sie dem Programmveranstalter auch die Größe der von Ihnen verwendeten Videokassetten mit, damit die richtigen Geräte bereitstehen.

Prüfen Sie nach Ihrer Ankunft im Vortragssaal, ob alle Hilfsmittel, um die Sie gebeten haben, wirklich da sind. Stellen Sie die Geräte dorthin, wo Sie sie haben wollen. Falls Sie einen Overhead-Projektor benutzen, verlangen Sie einen Tisch mit viel Platz rechts und links vom Projektor. Der Ständer bzw. Tisch für den Projektor sollte rechter Hand und etwa eine Armeslänge von Ihrem Platz entfernt stehen. Stellen Sie den Ständer für Flip-Charts oder Bildtafeln dorthin, wo er vom Publikum aus leicht zu sehen ist.

Sobald Sie den Projektor richtig plaziert haben, markieren Sie die Stelle mit Klebeband für den Fall, daß jemand das Gerät umstellt. Schalten Sie jetzt den Projektor aus. Prüfen Sie Bildeinstellung und -ausschnitt. Benutzen Sie, falls nötig, Kassettenhüllen, Bücher, was eben zur Hand ist, um den Projektor höher zu stellen. Es ist ratsam, mit Klebeband ein großes Stück Pappe am Projektor festzumachen, um das Licht abzuschirmen, damit es die Zuschauer nicht blendet.

Bringen Sie Ihre Dias, Folien oder Videokassetten mit, wenn Sie die Geräte prüfen. Bitten Sie jemanden, den Diaprojektor für Sie zu bedienen, damit Sie sich selbst damit nicht aufhalten müssen. Falls Sie die Geräte doch selbst bedienen müssen, machen Sie sich vorher damit vertraut.

Müssen Sie Ihre eigenen Dias vorführen, so kleben Sie die Bedienungsvorrichtung am Rednerpult fest, damit sie Ihnen beim Reden nicht aus der Hand rutscht.

Auch sollten Sie für den Diaprojektor eine Ersatzglühbirne bereithalten, falls die Birne im Gerät durchbrennt. Und überlegen Sie sich irgendein System, um das Licht ein- und auszuschalten – z. B. ein Stichwort für den Elektriker.

Was muß ich für meinen Vortrag mit Dias oder anderen visuellen Hilfsmitteln wissen?

Ein Topmanager sagte einmal in einem Vortrag, betitelt ›Pflege und Wartung des Managers als Redner‹: »Sie kennen das Sprichwort ›Ein Bild ist soviel wert wie tausend Worte‹? Nun, wenn Sie daran glauben, dann zeichnen Sie mir ein Bild von Abraham Lincolns Gettysburg-Rede.«

Eine Frau sitzt vor einem Spiegel und macht sich für einen festlichen Anlaß fein. Ihre Haare sind schön frisiert, ihre Kleidung ist elegant. Jetzt geht es darum, ihrer Aufmachung den letzten Schliff zu geben. Sie nimmt ihre Schmuckkassette in die Hand. Bevor sie ihren Schmuck auswählt, sollte sie sich jedoch bei jedem Stück die Frage stellen: »Brauche ich es wirklich?«

Wenn Sie das nächste Mal visuelle Hilfsmittel einsetzen wollen, fragen Sie sich vorher bei jedem einzelnen Stück: »Brauche ich es wirklich?« In über 90 Prozent der Fälle lautet die Antwort: nein.

Wenn Sie sich zur Übermittlung Ihrer Botschaft überwiegend auf visuelle Hilfsmittel verlassen, so zeigen Sie damit Ihrem Publikum, daß Ihr schriftliches Material oder Ihre persönliche Ausstrahlung oder beides der Aufgabe nicht gewachsen sind. Denn das sind die wichtigsten Übermittler Ihrer Botschaft – nicht die Bilder, die Sie einsetzen.

Die meisten Vortragenden sagen, Sie würden visuelle Hilfsmittel einsetzen, um einem Argument Nachdruck zu verleihen. Das ist aber gar nicht nötig. Benutzen Sie Ihre Stimme, um Ihren Argumenten Nachdruck zu verleihen, und vergessen Sie die Dias. Heben Sie sich die visuellen Hilfsmittel lieber für die Präsentation von statistischem Material auf.

Was sind die Grundregeln für gute Dias und Bilder?

Für die wenigen Gelegenheiten, bei denen visuelle Hilfsmittel wirklich notwendig sind, sollten Sie sich an folgende Richtlinien halten:

1. Das Bild sollte interessant und originell sein. Viele Vortragende benutzen drittklassige Dias. Gute Bilder sind klar, farbenfroh und ästhetisch ansprechend. Auffallende, interessante Bilder wecken die Aufmerksamkeit Ihrer Zuhörer und prägen ihnen leichter Ihre Botschaft ins Gedächtnis ein. Überladen Sie Ihre Bilder nicht mit zu vielen Informationen. Beschränken Sie geschriebene Texte auf das Mindestmaß. Verwenden Sie nie normale Schreibmaschinenschrift, denn die ist schwer zu lesen und zudem langweilig.
   Verwenden Sie, falls möglich, Bilder oder Zeichnungen anstelle von Wörtern. Sprechen Sie z. B. über Ihren wachsenden Anteil am Frischmilchmarkt, so können Sie zur Illustration statt einer Kurve unterschiedlich große Milchflaschen verwenden, um das Wachstum anzuzeigen. Bleiben Sie bei einfachen, großen Bildern, mit einer Höhe von etwa fünf Zentimetern pro sechs Meter Entfernung zwischen Bildfläche und Publikum.
   Ein leuchtender, breiter Farbstreifen am oberen Rand oder an der Seite des Bildes kann langweilige Zahlenspalten ungemein beleben. Kennzeichnen Sie Ihre Daten oder Statistiken nach Möglichkeit mit Farben oder Symbolen, damit Sie sich auf das Schaubild verbal beziehen können, ohne darauf deuten zu müssen. Verwenden Sie farbige Stifte, um Overhead-Folien mehr Leben zu geben.
2. Ihre Wörter sollten auf zehn Meter Entfernung noch lesbar sein.
3. Überlegen Sie sich genau, wie lange Ihr Schaubild auf der Leinwand zu sehen sein darf, ohne das Publikum zu langweilen. Sind Ihre Zuhörer schon vor Ihnen

damit fertig? Falls ja, dann wurde es zu lange gezeigt. Aber gehen Sie auch nicht zu schnell von einem Bild zum nächsten. Wenn Sie Ihr Bild zu schnell wegziehen, fühlt sich der Zuhörer betrogen.

4. Wiederholen Sie nie mündlich, was auf den Bildern geschrieben steht. Schließlich können Ihre Zuhörer ja lesen. Ihre Funktion ist es, die größeren Zusammenhänge aufzuzeigen. Überlassen Sie die Details Ihren Bildern.
5. Führen Sie Anekdoten oder Beispiele an, um das Tempo Ihrer Vorführung zu variieren und Ihren Bildern mit verbalen Mitteln Würze zu verleihen.
   Ein Meister der Verwendung von Bildern bei jeder Art von Vortrag oder Präsentation ist David Ogilvy. Er belebt seine Vorführungen mit interessanten, thematisch passenden Anekdoten aus seinem reichen Erfahrungsschatz.
6. Unterbrechen Sie Ihren Vortrag nicht während des Dia- bzw. Folienwechsels, sonst läßt Ihr Schwung nach. Außerdem geht Ihnen die Aufmerksamkeit Ihrer Zuhörer verloren durch die lange Sprechpause, die entsteht, während Sie warten, ob das richtige Dia auf der Leinwand erscheint. Und Sie selbst verlieren den roten Faden.
7. Zeigen Sie niemals eine weiße Leinwand. Eine hell angestrahlte Leinwand lenkt ab. Zeigen Sie statt dessen lieber ein schwarzes Dia.
8. Führen Sie Ihre Bilder auch nicht in einem stockdunklen Raum vor. Da werden die Zuschauer schläfrig. Belassen Sie es lieber bei einer halbdunklen Beleuchtung.

Es folgen elf Richtlinien aus einem Vortrag von David Ogilvy, wobei wir uns, wohlbemerkt, über den fünften Punkt nicht ganz einig sind.

1. Machen Sie vorher immer einen Probelauf. Halten Sie die vorgegebene Zeit ein und fallen Sie über jeden her, der sie überschreitet.

2. Sorgen Sie immer dafür, daß Sie einen absoluten Profi als Diavorführer haben. Der Diavorführer hat das Schicksal Ihrer Vorführung in der Hand.
3. Sorgen Sie für eine Raumtemperatur um 22° C. Ist es wärmer, schlafen Ihre Zuhörer ein. Ist es kälter, fühlen sie sich unwohl.
4. Achten Sie darauf, daß keine Sitzplätze frei bleiben. Sprechen Sie immer vor einem vollen Haus, selbst wenn das bedeutet, daß Sie Ihren Vortrag im Waschraum halten müssen.
5. Achten Sie bei Diavorführungen immer darauf, daß die Dias gut lesbar sind, und lesen Sie immer genau das laut vor, was auf dem Dia geschrieben steht. Viele Vortragende zeigen nämlich ein Dia und sprechen über etwas ganz anderes.
6. Hüten Sie sich vor allzu aufwendigen Aufmachungen. Ein Zuviel an bildtechnischen Mitteln kann die eigentliche Botschaft Ihres Vortrags verschleiern. Ich werde nie den brillanten Kurzfilm vergessen, den Charles Eames für IBM anläßlich der Weltausstellung in New York vor einigen Jahren drehte. Keiner, der ihn sah, konnte begreifen, wovon er eigentlich handelte. Ganz ähnlich verhielt es sich mit dem Beitrag der Tschechen bei der Weltausstellung in Montreal. Jeder wußte, daß er genial war - bei 30 Projektoren mußte er es einfach sein! Dennoch blieb die eigentliche Botschaft im unklaren.
7. Lassen Sie nur Ihre besten Sprecher auftreten. Wenn Ihr Chef ein miserabler Sprecher ist, streichen Sie ihn vom Programm - oder besorgen Sie sich einen neuen Chef.
8. Halten Sie Ihren Kongreß nicht in Frankfurt, sondern in London ab! Als vor einigen Jahren zwölftausend amerikanische Rechtsanwälte anläßlich des Jahreskongresses der amerikanischen Anwaltskammer in London einfielen, begannen sie eine neue Mode. Inzwischen werden mehr internationale Konferenzen in London abgehalten als in irgendeiner Stadt sonst.

9. Wenn Sie Wortmeldungen aus dem Publikum wollen, lassen Sie es nicht darauf ankommen. Bitten Sie vorher zuverlässige Bekannte oder Freunde, die als Zuhörer im Publikum sitzen, gezielte Einwürfe oder Fragen an Sie zu richten.
10. Halten Sie Sitzungen nie am Sonntag ab; das ist unchristlich.
11. Führen Sie hinterher immer eine Aussprache durch. Auf diese Weise wiederholen Sie beim nächsten Mal nicht die gleichen Fehler. Fragen Sie jeden Teilnehmer danach, was ihn am meisten gelangweilt hat.

Als ich einmal als Sprecherin bei einem großen Kongreß in Mexiko war, hörte ich auch einen der anderen Redner, einen Personalberater für Spitzenführungskräfte, vor dreitausend Menschen sprechen. Er hielt seinen Vortrag in Hemdsärmeln und schritt dabei ständig auf und ab, rang krampfhaft nach Worten und hatte die größten Schwierigkeiten, seine Bilder vorzuführen.

Die Frau neben mir seufzte und stöhnte während des ganzen Vortrags. »Geht's Ihnen nicht gut?« fragte ich. Sie sagte: »Das ist mein Mann, der sich da oben blamiert.« Ihr Mann wurde später ein Kunde von mir und ist inzwischen einer der besten Sprecher, die man sich vorstellen kann – mit und ohne Vorführung von Bildern.

Bringen Sie Ihre Bilder nie gleich zu Beginn eines Vortrags. Lassen Sie sich zwei bis drei Minuten Zeit, um sich bzw. Ihre Ausstrahlung sich entfalten zu lassen. Das verleiht Ihnen Autorität.

Vorträge mit Bildern müssen gewissermaßen choreographisch einstudiert werden. Sie müssen den Bildwechsel mit Ihrem Text koordinieren, Bewegungsabläufe und Worte aufeinander abstimmen.

Sorgen Sie für einen fließenden Wechsel Ihrer Bilder. Blicken Sie kurz auf die Leinwand, um nachzuprüfen, ob das richtige Bild erschienen ist, und wenden Sie sich dann wieder ganz dem Publikum zu mit nach vorne gerichtetem und durch den Saal schweifendem Blick, und sprechen

Sie immer weiter. Wenden Sie dem Publikum möglichst wenig Ihr Profil zu. Am besten, Sie haben Fotokopien Ihrer Bilder vor sich auf dem Rednerpult, damit Sie immer wissen, was auf der Leinwand erscheint, ohne ständig hinsehen zu müssen.

Weisen Sie auf das, was auf der Leinwand zu sehen ist, verbal hin: »Der Verkaufszuwachs wird durch die gelbe Säule angezeigt«, oder: »Das rote Oval zeigt die Marktausdehnung.« Benutzen Sie keinen Zeigestock, Sie wirken damit wie ein Lehrer.

Wenn es sich nicht umgehen läßt, daß Sie auf Ihr Bild zeigen müssen, so deuten Sie mit ausgestrecktem Arm und Zeigefinger darauf. Zeigen Sie immer weiter darauf, während Sie sich dem Publikum wieder zuwenden und erklären. Vergessen Sie diese drei Schritte nicht: zeigen, sich zuwenden, erklären. Ihr Ziel ist Blickkontakt mit dem Publikum, zu 90 Prozent der Zeit.

Was sollte man bei der Verwendung eines Overhead-Projektors beachten?

Overhead-Folien können leicht billig aussehen, wenn sie nur ganz normal mit Maschinenschrift beschrieben sind. Das ist viel zu langweilig. Lassen Sie bei der Erstellung von Overhead-Folien Ihre Fantasie spielen! Verwenden Sie z. B. bunte Spezialstifte, um sie abwechslungsreich und lebhaft zu gestalten.

Einige größere Firmen haben sehr wirkungsvolle Folien mit roter Schrift auf schwarzem Hintergrund oder schwarzer Schrift auf mehrfarbigem Hintergrund entwickelt. Solche Folien sind teuer und aufwendiger in der Herstellung, doch die Mühe lohnt sich.

Vielleicht haben Sie keine Zeit, um solche raffinierten Folien anzufertigen, oder Ihre Firma will die Kosten dafür nicht tragen. Aber zumindest sollten Sie Stifte in verschiedenen Farben benutzen, um Ihre Folien lebhafter zu gestalten. Sie können sich gar nicht vorstellen, wie groß der

Unterschied ist. Handschriftliches in Farbe sieht sehr schwungvoll aus.

Werden auf Ihrer Folie eine Reihe aufeinanderfolgender Punkte aufgeführt, dann decken Sie die einzelnen Punkte mit einem Blatt Papier ab und ziehen Sie das Blatt Punkt für Punkt nach unten, um Ihre Informationen nach und nach aufzudecken.

Damit Ihre Folien gleich beim ersten Versuch gerade aufliegen, sollten Sie sich eine Führungsschiene machen. Schneiden Sie einen etwa zwei Zentimeter breiten Streifen aus Pappe zu. Befestigen Sie ihn mit Klebeband auf der Auflagefläche. Legen Sie Ihre Folie immer direkt an diesen Streifen an, dann ist sie immer gerade.

Wie sieht nun die Choreographie für eine Vorführung mit dem Overhead aus? Nun, ich bezeichne sie als ›Dreieckstango‹. Dafür stellen Sie sich neben den Projektionstisch hin. Der Tisch sollte mindestens 60 cm breit sein, um drei verschiedene Arbeitsbereiche unterzubringen: den Projektorbereich, den Zuführbereich und den Ablagebereich. Das geht dann so: Der Bereich, von dem die Overhead-Folien zugeführt werden, bildet die Ecke A des Dreiecks, der Projektor die Ecke B und der Ablagebereich die Ecke C.

Legen Sie den Stoß Folien in Griffnähe hinten auf den Tisch. Legen Sie dann mit der rechten Hand die neue Folie auf die Projektionsfläche, während Sie gleichzeitig mit der linken Hand die bereits gezeigte Folie von der Projektionsfläche entfernen.

Die Stöße sollten auf gleicher Höhe mit der Anlagefläche des Overhead-Projektors liegen – d. h. um die gewünschte Höhe zu erreichen, können Sie z. B. ein Buch unterlegen. Dadurch wird eine Auf-Ab-Bewegung vermieden, die das Publikum ablenken könnte. Arbeiten Sie im Uhrzeigersinn von A nach B nach C und wieder nach A. Sind Sie Linkshänder, arbeiten Sie in der umgekehrten Reihenfolge.

Der ›Dreieckstango‹ beugt Nervosität vor, indem er Sie davor bewahrt, eine Folie auszulassen, zu wiederholen oder verkehrt herum auf die Projektionsfläche zu legen. Er erspart Handgriffe, die Sie Schwung kosten könnten. Er wirkt mühelos und professionell.

Was sollte man bei der Vorführung von 35-mm-Dias beachten?

Manchmal erscheinen Kunden von mir zur Beratung mit fünfzig Dias für einen halbstündigen Vortrag. Sie brauchen ja nicht jeden einzelnen Schlitz im Diamagazin auszufüllen, bloß weil er vorhanden ist. Halten Sie sich bei der Vorführung von Dias an folgende Richtlinie: Weniger ist mehr.

Und vergessen Sie vor allen Dingen eins nicht: Farbe, Farbe, Farbe – gestalten Sie Ihre Dias so farbig wie nur irgend möglich. Verwenden Sie Kreisdiagramme, Skizzen, Bilder, so oft es geht.

Sie können das Diamagazin nicht oft genug kontrollieren, um sich zu vergewissern, daß alles in der richtigen Reihenfolge und richtig herum geladen ist. Von acht verschiedenen Möglichkeiten, ein Dia in ein Magazin zu stecken, wird Ihr Dia nur bei einer einzigen richtig projiziert.

Kennzeichnen Sie Ihre Dias mit einer Zahl in der oberen rechten Ecke, um das Überprüfen der Reihenfolge zu vereinfachen. Ihre Zahlen sollten den Zahlen auf dem Magazin sowie den Zahlen in Ihrem Manuskript entsprechen.

Auch wenn Sie zu Hause bereits das Magazin geladen und den Deckel zugemacht und mit Klebeband befestigt haben, sollten Sie, sobald Sie im Vortrags- bzw. Konferenzraum ankommen, noch mal die Dias kontrollieren und ausprobieren, wie die Scharfstellung funktioniert. Das machen Sie, indem Sie die Dias auf ein Blatt weißes Papier in drei Meter Entfernung vom Projektor projizieren. Stellen Sie die Bildschärfe ein und prüfen Sie die Reihenfolge der Dias.

Der Projektor sollte eingeschaltet sein, bevor Sie Ihren

Vortrag beginnen. Das lenkt keineswegs ab, sofern Sie Ihr Diamagazin mit einem schwarzen Dia am Anfang und am Ende Ihrer Diareihe bestückt haben. Sprechen Sie während des Diawechsels weiter, warten Sie nicht darauf, daß das nächste Dia kommt. Ihr Dia muß immer eine Zehntelsekunde vor Ihrem Text da sein. Wie bei Overhead-Folien sollten Sie sich darüber im klaren sein, wie lange Sie den Zuschauern ein Dia zumuten können, und es nicht ewig auf der Leinwand lassen.

Lassen Sie den Raum nur halb abgedunkelt, damit Sie die Reaktionen des Publikums sehen können. Dann wissen Sie, ob Sie zu schnell oder zu langsam sind.

Wie geht man mit Flip-Charts am besten um?

Ich habe es selten erlebt, daß ein Vortragender das Blatt beim ersten Anlauf wenden konnte. Die Blätter machen auch ein raschelndes Geräusch, das ablenkend wirkt. Sie eignen sich nicht für Vorträge in einem großen Auditorium, doch bei Sitzungen in kleinen Gruppen und Brainstorming-Aktionen sind sie durchaus angebracht.

Große Blocks mit normalem weißem Papier sind solchen aus weichem, zeitungsähnlichem Papier vorzuziehen, weil auf solchem Papier frische Filzstifte fließen. Benutzen Sie Druckschrift statt Schreibschrift. Die Buchstaben sollten mindestens 10 cm groß sein, damit sie von ganz hinten im Saal noch zu lesen sind.

Falls Sie während des Vortrags auf das Flip-Chart schreiben, müssen Sie mit dem Rücken zum Publikum stehen. Um das Ganze zu vereinfachen, schreiben Sie die Worte ganz leicht mit Bleistift vor und ziehen Sie dann beim Vortragen mit Filzstift nach. Und sprechen Sie während des Schreibens weiter!

Stellen Sie den Flip-Chart-Ständer so auf, daß er für alle gut sichtbar ist. Sorgen Sie dafür, daß die schmale Ablagefläche, auf der Ihr Block liegt, hoch genug ist, damit die ganze Bildfläche gut sichtbar ist.

Die Choreographie einer Vorführung mit Flip-Charts ist nicht anders als bei Vorführungen mit Overhead-Projektor oder mit Dias: zeigen, sich zuwenden, erklären. Es bleibt immer ein gewisser Unsicherheitsfaktor - schaffen Sie es, die Seite umzublättern oder nicht? Machen Sie auf jeder Seite ein Eselsohr, um das Umblättern zu erleichtern. Üben Sie das Umblättern vor dem Vortrag, damit Sie es in einer einzigen, geschmeidigen Bewegung schaffen.

Wie steht es mit Bildtafeln?

Bildtafeln eignen sich großartig für Werbekampagnen, Architektenpläne oder Inneneinrichtungspläne. Allzu kleine Tafeln sehen billig aus und hinterlassen keinen bleibenden Eindruck bei Ihren Zuhörern. Große Tafeln übermitteln Ihre Botschaft auf sehr viel wirksamere Weise.

Die Goldene Regel dieser Art von Darbietung lautet: Geheimhaltung, bis Sie neue Informationen hervorzaubern wollen. Stellen Sie den ganzen Stoß Tafeln von vornherein auf den Ständer. Sorgen Sie dafür, daß die Ablagefläche groß genug ist, um alle Tafeln unterzubringen. Entfernen Sie während Ihres Vortrags eine Tafel nach der anderen vom Ständer. Stapeln Sie die bereits gezeigten Tafeln auf einem Stuhl oder Tisch in Griffnähe.

Denken Sie immer daran: Sehen Sie nur eine Zehntelsekunde lang auf die Tafel und wenden Sie dann Ihre Aufmerksamkeit dem Publikum zu, mit nach vorne gerichtetem und durch den Saal schweifendem Blick.

Nicht vergessen:

- Weniger ist mehr
- Fantasievolle Gestaltung
- Farbe, Farbe, Farbe
- Timing
- Zeigen, sich zuwenden, erklären

Auftritt vor der Kamera: Wie man im Rampenlicht einen kühlen Kopf behält

Wie bereite ich mich auf einen Fernsehauftritt vor?

Die Chancen stehen hundert zu eins, daß Sie irgendwann in den nächsten Jahren Ihres Berufslebens vor der Kamera stehen werden. Dabei mag es sich um ein Fernsehinterview, um die Vorführung Ihrer Idee, Ihres Produkts oder Ihrer Dienstleistung auf Video oder um die Teilnahme an einer Telekonferenz zusammen mit Ihren Kollegen handeln.

Vor nur wenigen Jahren machten es sich große Firmen wie z. B. Texaco noch zur Regel, die Medien zu meiden. Dazu bemerkt Kerryn King, erfahrenes Mitglied des Unternehmensvorstands von Texaco: »Damals handelten wir nach dem Motto: ›Den Wal, der bläst, trifft die Harpune.‹ Rief ein Fernsehreporter wegen eines Interviews an, so lehnten wir einfach ab. Heutzutage gehen wir aber auf die Reporter zu. Wir veranstalten Pressekonferenzen und Tage der offenen Tür.«

Der Grund für dieses Umdenken? Nun, es geht hier um kostenlose Werbung – in Millionenhöhe. Der britische Redeberater Michael Barratt meint: »Für zwei Minuten Werbezeit im Fernsehen müßte eine Firma an die zweihunderttausend Dollar ausgeben. Denken Sie nur, was eine Einladung an einen Mitarbeiter zu einem dreiminütigen bis einstündigen Fernsehinterview wert wäre. Die stellen Ihnen praktisch einen Blankoscheck aus und bitten nur darum, hinzugehen und ihn einzulösen.«

Die Medien lechzen geradezu nach Stoff für ihre Programme zum Thema Wirtschaft und Finanzen. Denken Sie nur einmal an die Beliebtheit von Wirtschaftssendungen wie ›Plus-Minus‹ oder ›WISO‹ beim Fernsehpublikum.

Wie reagieren Unternehmen auf die Nachfrage in der Öffentlichkeit nach Berichterstattung über Firmenübernahmen, Börsentips und Wirtschaftsprognosen? Indem sie ihre Führungskräfte darin schulen lassen, wie sie mit persönlicher Ausstrahlung und Autorität den Medien gegenübertreten können. »Ohne eine solche Schulung«, so Derek Dewey-Leader, oberster Pressevertreter eines britischen Unternehmens, »sind die Führungskräfte großer Unternehmen in gleicher Weise ausgeliefert wie Schafe, die zur Schlachtbank geführt werden.«

Es ist entsetzlich, wenn der Vertreter eines führenden Unternehmens in einer Nachrichten- oder Wirtschaftssendung im überregionalen Fernsehen auftritt und keine starken Führungsqualitäten ausstrahlt. Erst kürzlich beobachtete ich so jemanden bei einem Fernsehinterview: Inhaltlich und gedanklich war er schlecht vorbereitet, und er schien keine Vorstellung davon zu haben, wie er seine Botschaft am besten zum Ausdruck bringen könnte. Er rang krampfhaft nach Worten, konnte die Fragen des Interviewers nicht auf Anhieb beantworten und behalf sich ständig mit Satzfüllern wie ›äh‹ und ›ähm‹.

Seine äußere Erscheinung tat ihren Teil dazu. Er trug einen hellen Anzug, eine Brille mit getönten Gläsern, ein gestreiftes Hemd mit gestreifter Krawatte und Socken, die seine Waden nicht bedeckten. Sicher förderte er damit nicht das Image seiner Firma in der Öffentlichkeit.

Jeder Unternehmer, jeder Politiker, der im Interesse seiner Idee, seines Produkts oder seiner Dienstleistung in den Medien ein günstiges Bild abgeben möchte; muß die Öffentlichkeit von seiner Glaubwürdigkeit überzeugen und seine Begeisterung auf sie überspringen lassen können.

Vor einigen Jahren wurde ich von einer britischen Fernsehanstalt nach London eingeladen, um die Wirkung von öffentlichen Auftritten Margaret Thatchers und einiger anderer englischer Spitzenpolitiker im Fernsehen zu beurteilen. Dabei fiel mir Neil Kinnock, Parteivorsitzender der Labour Party, als einer der überzeugendsten und dynamischsten Sprecher im englischen Fernsehen auf. Dank seiner Energie und seiner Ausstrahlung vermag er seine Zuschauer immer wieder mit seiner Begeisterung anzustecken, selbst solche, die seine Ansichten nicht teilen.

Jede Woche treten etwa zwanzig meiner Kunden in irgendeiner Funktion im Fernsehen auf. Neben Unternehmensführern berate ich auch Autoren, Nachrichtensprecher, Talkshowmoderatoren und Politiker – von Vertretern der Lokalpolitik bis hin zu Anwärtern auf die Präsidentschaft – im Hinblick auf ihre Auftritte in den Medien.

Vor einigen Jahren kam eine Frau, inzwischen eine hervorragende Nachrichtensprecherin, zu mir in die Beratung. Damals arbeitete sie noch bei einer der drei wichtigsten amerikanischen Fernsehanstalten als Reporterin für eine Nachrichtensendung und bewarb sich immer um die Stelle einer Chefredakteurin, die sie jedoch nie bekam.

Als sie in mein Büro trat, trug sie eine dicke Hornbrille, ihr Gesicht wirkte ausdruckslos, ihre Kleidung war unvorteilhaft. Wenn sie vor der Kamera sprach, benutzte sie jene unnatürliche Betonung, die bei zweitklassigen Nachrichtensprechern gang und gäbe ist.

Zunächst fragte ich sie, ob wir nicht die Brille abschaffen könnten. Sie antwortete: »Ach nein, der Produzent meint, die Zuschauer nähmen mich ohne Brille nicht ernst.« Ich sagte ihr, daß man sie wegen ihrer Art, die Nachrichten anzusagen, ernst nehmen würde. Sie setzte ihre Brille ab, und dabei kam ein schönes, ebenmäßiges Gesicht zum Vorschein.

Nach nur sechs Stunden Beratung hatte sie ihr äußeres Bild, ihren Kleidungsstil und ihre Sprechweise völlig umgekrempelt. Fast unmittelbar danach bekam sie den Posten, für den sie sich immer beworben hatte, und ihre Karriere war nicht mehr aufzuhalten. Heute moderiert sie eine der renommiertesten Nachrichtensendungen im amerikanischen Fernsehen.

Wenden Sie auch bei öffentlichen Auftritten in den Medien die gleiche bewährte Methode an, um Ihre Nervosität in den Griff zu bekommen, die Sie für Vorträge oder Produktvorführungen gelernt haben. Leisten Sie erst einmal intelligente Vorarbeit: Bringen Sie vorher den Ablauf der Fernseh- bzw. Rundfunksendung in Erfahrung, wie lange Ihr Auftritt dauern soll, zu welcher Uhrzeit die Sendung übertragen wird, wer sonst noch mit Ihnen zusammen auftritt und, am allerwichtigsten, wer das Interview leitet. Schließlich haben z. B. Thomas Gottschalk oder Günther Jauch einen ganz unterschiedlichen persönlichen Stil.

In jedem großen Unternehmen sollte die PR-Abteilung über eine Videothek mit verschiedenen Interviewsendungen verfügen, damit Firmenmitarbeiter vor einem Fernsehauftritt die Persönlichkeit, das Timing und den Stil verschiedener Interviewer sowie das Ambiente der Sendung eingehend studieren können.

Vor einigen Jahren, als ich in der Talkshow des amerikanischen Moderators Tom Snyder auftreten sollte, sah ich mir vorher ein paar Aufnahmen seiner Sendungen an. Sowohl er als auch seine Gäste saßen in großen, weich gepolsterten Ohrensesseln. Für Tom Synder mochte das das Richtige sein – immerhin ist er fast zwei Meter groß. Ich bin aber gerade einen Meter sechzig, und in einem solchen Sessel wäre ich versunken, so daß er mich um meine ganze Autorität gebracht hätte. Ich rief den Produzenten an und fragte ihn, ob wir für mein Interview keine anderen Stühle verwenden könnten. Er sagte: kein Problem. Wir bekamen also Stühle mit geraden Rückenlehnen und sahen darin beide besser aus.

Bereiten Sie Ihr Material vor – und zwar rechtzeitig. Sechs Minuten Sendezeit sind für jede Art von Fernsehauftritt (abgesehen von Talk-Shows) schon ziemlich viel. Bei Sendungen der großen Fernsehanstalten stehen Ihnen nicht mehr als drei bis fünf Minuten zur Verfügung, bei Sendungen im Regional- oder Kabelfernsehen haben Sie jedoch länger Zeit, meist so zwischen acht und dreißig Minuten. Es hört sich nicht nach sehr viel an, doch mehr brauchen Sie nicht, um Ihre Botschaft überzeugend zu übermitteln.

Sagen Sie sich immer wieder: »Das ist kostenlose Werbezeit im Wert von einer Million Mark – welche zehn Punkte sollen meinen Zuschauern im Gedächtnis bleiben, wenn die Sendung vorbei ist?« Schreiben Sie diese zehn Punkte auf und numerieren Sie sie durch, damit Sie sie an den Fingern abzählen können. Benutzen Sie Anekdoten. Wollen Sie ein Buch anpreisen, dann greifen Sie ein paar vielversprechende Abschnitte heraus, um Ihre Zuschauer neugierig zu machen. Erwähnen Sie den Buchtitel mindestens dreimal.

Gehen Sie im Studio, während Sie geschminkt werden oder auf Ihren Auftritt warten, Ihre Punkte noch einmal durch. Nehmen Sie Ihre Aufzeichnungen mit ins Studio und legen Sie sie während der Sendung irgendwo unauffällig hin. Falls sich dazu die Gelegenheit ergibt, können Sie noch mal einen Blick hineinwerfen.

Wie kleide ich mich für einen Fernsehauftritt?

Frauen empfehle ich immer Rot. Rot ist fast immer richtig. Als ich jedoch vor einigen Jahren an einem Dienstag in der amerikanischen Vormittagssendung ›Today‹ auftreten sollte, wäre mir diese Vorliebe fast zum Verhängnis geworden. In letzter Minute verschoben sie meinen Auftritt auf den Donnerstag. Ich sah mir jedoch zu Hause die Dienstagsendung an und mußte dabei feststellen, daß jede Frau an dem Tag in der Sendung in Rot gekleidet war. Damit wäre ich nur eine von vielen gewesen. Doch in der Donnerstagsendung war ich zum Glück die einzige, die Rot trug, und das zog die Kamera auf mich.

Die zweitbeste Farbe für Fernsehauftritte ist ein schönes Mittelblau – das wirkt weniger hart als z. B. Königsblau und ist eine angenehme, beruhigende Farbe.

Kleiden Sie sich mit Pep. Achten Sie außerdem darauf,

daß Ihre Aufmachung für einen Fernsehauftritt geeignet ist. Die Schauspielerin Nastassja Kinski erschien z. B. einmal bei einer Talkshow in Lederhose und Jeanshemd, um dem Image der eleganten Frau, das sie in ihrem letzten Film verkörpert hatte, etwas entgegenzusetzen. Sie fand sich flott, doch der Effekt war eher Schrott. Darüber hinaus zappelte sie bei der Beantwortung der Fragen nervös auf ihrem Sitz herum.

Am nächsten Tag rief ihr Manager bei mir an, mit der Bitte, vor ihrem Auftritt in der Sendung ›Today‹ zwei Tage später etwas für Nastassjas Image und Auftreten zu tun. Gemeinsam möbelten wir ihren Look auf. Die Haare mit einer Schleife zusammengebunden und mit einem einfachen Kleid bekleidet, saß sie zwei Tage später gelassen da und strahlte wieder Haltung, Autorität und die gewohnte Eleganz aus.

Was kann ich tun, damit die Fernsehkamera mich von meiner besten Seite zeigt?

Suchen Sie gleich, nachdem Sie im Fernsehstudio ankommen, den Aufnahmeleiter auf. Lassen Sie sich von ihm zeigen, wo Sie sitzen werden und welche Kamera auf Sie gerichtet sein wird. Viel zu oft werden Fernsehgäste im Profil aufgenommen – nicht gerade die schmeichelhafteste Einstellung. Außerdem hilft Ihnen diese Perspektive nicht gerade bei Ihrer Bemühung, mit dem Publikum Kontakt aufzunehmen. Bitten Sie mit soviel Feingefühl und Charme, wie Sie nur aufbringen können, darum, daß Sie so oft wie möglich von vorne aufgenommen werden.

Die häufigste Fernsehkameraeinstellung ist die Nahaufnahme. Wenn Sie nicht zu den photogensten Menschen dieser Erde gehören, bitten Sie auch darum, möglichst nur von der Taille aufwärts aufgenommen zu werden.

Aus irgendeinem unerfindlichen Grund haben Beleuchtungstechniker eine besondere Vorliebe dafür, die Haare besonders stark anzustrahlen. Ich persönlich hätte lieber mein Gesicht als meine Haare in einem interessanten Licht dargestellt. Sie nicht? Als drittes sollten Sie deshalb um eine schattenfreie Beleuchtung bitten, d. h. eine volle Ausleuchtung Ihres Gesichts von vorne, ohne Schatten.

Nach der ersten Fernsehdebatte zwischen dem amerikanischen Präsidenten Reagan und dem Präsidentschaftskandidaten Walter Mondale im Wahlkampf 1984 rief Reagans PR-Berater mich an, ob ich irgendwelche Empfehlungen geben könne. Ich sagte, daß die Beleuchtung miserabel gewesen sei. Sie habe den Präsidenten besonders im Kinn- und Halsbereich getroffen, genau dort, wo sich das Alter zuerst und am deutlichsten bemerkbar macht. Ich empfahl also, daß Reagan bei künftigen Fernsehauftritten direkt von vorne angestrahlt werden solle.

Frauen ab einem bestimmten Alter sollten nicht vergessen, daß sie unschmeichelhafte Falten im Halsbereich mit einem hohen Kragen und einer originellen Anstecknadel auf einer Seite kaschieren können. Oder entdecken Sie Ihre Liebe für Schals und Tücher. Schals und Tücher können die Halspartie interessanter erscheinen lassen und dem Gesicht schmeicheln. Eine grobgliedrige Kette tut's manchmal auch.

Muß ich mich für einen Fernsehauftritt besonders schminken?

Auf Studio-Maskenbildner ist nur bei großen Fernsehanstalten Verlaß. Deshalb sollten Sie am besten selbst lernen, wie man sich für Fernseh- oder Videoaufnahmen zurechtmacht. Denn es ist wirklich notwendig, für Fernsehauftritte ein spezielles Make-up zu wählen, nämlich eines, das dicker ist und kleine Schwachstellen besser kaschiert.

Suchen Sie dazu eine Kosmetikerin auf. Sie kann Ihnen einen Gesichtsplan anfertigen, der Ihnen zeigt, wo Sie was auftragen müssen. Nehmen Sie den Plan mit nach Hause und studieren Sie ihn, damit Sie sich im Ernstfall selbst schminken können. So sind Sie nie auf zweitrangige Maskenbildner angewiesen, die sich mit Ihrem Gesicht nicht auskennen.

Für Männer ist Schminke genauso wichtig wie für Frauen. Als Adlai Stevenson in den fünfziger Jahren für die amerikanische Präsidentschaft kandidierte, traf ich ihn in Chicago. Drei Stunden lang besprachen wir in seinem Büro, wie er sein Image verbessern könne. Er sollte in der Pressekonferenzsendung ›Meet the Press‹ in Washington auftreten und lud mich ein dabeizusein.

Niemand hatte ihn vor der Unerbittlichkeit der Fernsehkamera gewarnt. Er wurde im Profil aufgenommen, was seine Nase größer erscheinen ließ, als sie in Wirklichkeit war. Durch geschicktes Schminken, volle Beleuchtung von vorne und Kameraaufnahmen von vorne hätte er wesentlich besser herauskommen können.

Männer mit Doppelkinn sollten versuchen, es mit dunkler Schminke zu kaschieren. Bitten Sie, falls Sie eine Glatze haben, um etwas Mattierung. Dunkle Augenringe sollten Sie ebenfalls abdecken.

Der beste Rat in bezug auf Männerfrisuren: Sie sollten gepflegt sein und einen schmeichelnden Rahmen für das Gesicht abgeben. Wie ich weiter oben bereits feststellte, decken lange Stirnhaare die Augenbrauen zu und nehmen ihnen ihre Ausdruckskraft. Immer, wenn ich einen Mann mit einer solchen Frisur sehe, möchte ich zu ihm hingehen und ihm die Haare aus dem Gesicht streichen, damit ich es sehen kann. Frisieren Sie Ihre Haare dicht zum Haaransatz hin und lassen Sie sie nicht in die Stirn hängen.

Tragen Sie zwar normalerweise eine Brille, können den Interviewer aber auch ohne sie sehen, so lassen Sie sie lieber weg vor der Kamera. Brillen spiegeln das Licht und lenken die Aufmerksamkeit von Ihnen weg. Müssen Sie oft vor der Kamera auftreten, informieren Sie sich über die neuen nichtreflektierenden Brillengläser.

Für Männer ist Blau auch bei Fernsehauftritten Trumpf – und zwar für Anzug *und* Hemd. Tragen Sie bitte bei Fernsehauftritten kein weißes Hemd! In einer renommierten Nachrichtensendung trugen kürzlich alle Männer blaue Anzüge, blaue Hemden und rote Krawatten. Über Rot wußten sie also auch schon Bescheid. Diese Zusammenstellung ist bereits zu einer Art Uniform geworden, die sagt: Beachtet mich. Tragen Sie deshalb eine gemusterte Krawatte, um sich von den anderen abzuheben und den Uniform-Look zu durchbrechen.

Die Manschetten sollten etwa 2,5 Zentimeter aus Ihren Jackettärmeln herausschauen. Das lernte ich bei meiner Zusammenarbeit mit Sol Linowitz, dem Vorsitzenden der Firma Xerox. Als ich ihn beim Sprechen beobachtete, fragte ich mich immer, weshalb seine Hände immer so graziös aussahen. Dann kam ich darauf: Es lag daran, daß sie von seinen Manschetten umspielt waren.

Ein zugeknöpftes Jackett verleiht Ihnen größere Autorität. Einmal sollte Larry Wachtel, ein Spezialist der Versicherungsfirma Prudential-Bache, in der Börsensendung ›Wall Street Week‹ erscheinen. Als die Kamera lief, setzte er sich auf die Couch, und sein Jackettknopf flog weg. Er schrie: »Haltet die Kamera an! Holt mir Nadel und Faden! Dorothy Sarnoff sagt, ich darf ohne zugeknöpftes Jackett nicht im Fernsehen erscheinen!«

Was kann ich machen, um meine Fassung zu bewahren, während ich auf meinen Auftritt warte?

Das Produktionsteam zählt die Sekunden, bis es losgeht, und Sie sitzen auf Ihrem Platz und warten. Dabei sollten Sie sich nie in Ihrem Stuhl zurücklehnen. Beugen Sie sich immer leicht nach vorne, halten Sie Ihren Oberkörper aufrecht und überschlagen Sie die Beine. Wenn Sie kurze Oberschenkel haben, so sollten Sie mit den Füßen auf dem Boden und den Beinen fest aneinandergepreßt dasitzen. In dieser Position setzen Sie alles, was Sie über die Sarnoff-Methode der Nervositätskontrolle gelernt haben, in die Praxis um.

Mit leicht geöffneten Lippen atmen Sie normal aus und

spannen die Muskeln des Energiedreiecks an; murmeln Sie das Sarnoff-Mantra vor sich hin und wiederholen Sie im Geiste Ihre Eingangsworte. Die sagen Sie als erstes, egal was der Interviewer Sie fragt. Außerdem sind Sie mit den zehn Punkten gewappnet, die Ihren Zuhörern auch nach der Sendung noch im Gedächtnis bleiben sollen.

Wo sehe ich bei einem Fernsehinterview am besten hin?

Sehen Sie auf keinen Fall in die Kamera. Sobald sich der Interviewer Ihnen zuwendet, sehen Sie ihm voll in die Augen, sorgen Sie dafür, daß Ihre Botschaft bei ihm ankommt; dann kommt sie garantiert auch beim Zuschauer an.

Was ist, wenn mir eine Fangfrage gestellt wird? Wie behalte ich im Rampenlicht einen kühlen Kopf?

Wird Ihnen eine Fangfrage gestellt, so sollten Sie niemals mit Feindseligkeit darauf antworten. Begegnen Sie dem Fragesteller mit Feindseligkeit, so verlieren Sie die Sympathie des Publikums. Das lernte ich, als ich als Sängerin im Nachtlokal auftrat. Immer wenn im Publikum ein Betrunkener laut wurde und die anderen störte, nahm ich das Mikrophon in die Hand, richtete meine ganze Aufmerksamkeit auf ihn und strahlte ihn beim Singen mit einem wohlwollenden Gesicht an. Das half meistens, denn das ganze Publikum starrte nun auf ihn, und er wurde dann meistens still.

Rechnen Sie nie mit dem Wohlwollen Ihres Gesprächspartners. Bereiten Sie sich lieber darauf vor, womöglich auseinandergenommen zu werden. Denken Sie vorher an die zehn schlimmsten Fragen, die man Ihnen stellen könnte, und haben Sie Ihre Antworten darauf parat. Wenn möglich, machen Sie ein Rollenspiel mit jemandem als feindseligem Interviewer.

Der englische Pressebaron Roy Thomson von der *Times* wurde z. B. zwei Tage lang von seinen Mitarbeitern in die Mangel genommen, um für ein geplantes Fernsehinterview die richtigen Antworten einzuüben. »Ich war froh, im Rundfunk und Fernsehen aufzutreten«, so Thomson in einem Artikel von John May in der Zeitschrift *International Management*. »Und so behielten anderthalb Millionen Aktienanteile im Besitz von privaten Aktionären ihren Wert, weil den Leuten die klare Linie meiner Geschäftsführung und mein Gesichtsausdruck gefielen.«

Ihr Gesichtsausdruck – das wohlwollende Gesicht – ist Ihre erste Abwehr. Dabei handelt es sich nicht um ein Lächeln, sondern um ein freundliches Gesicht, das Verständnis für die Position des anderen ausdrückt.

Bereiten Sie Ihre Antwort schon vor, solange der Interviewer noch die Frage stellt. Als Reagans PR-Berater mich nach der ersten Fernsehdebatte mit Mondale 1984 wegen eventueller Ratschläge anrief, empfahl ich neben meinen Hinweisen bezüglich der Beleuchtung, daß Reagan seine etwas zögernde, tastende Art bei der Beantwortung von Fragen durch folgende Technik ablegen könne:

Während der Interviewer noch spricht, bereiten Sie Ihre Schlußfolgerung vor. Dann überlegen Sie sich zwei oder drei Punkte, die Sie dorthin bringen. In dem Moment, wo der Interviewer die Frage beendet, beginnen Sie mit der Antwort: erster Punkt, zweiter Punkt, dritter Punkt und ... zack! Ihre Schlußfolgerung. Das läuft wie bei einem Basketballer ab, der einen Korb schießt. Behalten Sie den Korb immer im Auge, und eins, zwei, drei, schon haben Sie Ihre Schlußfolgerung gelandet.

Beantworten Sie eine Verneinung nie mit einer negativen Formulierung. Auf die Frage »Stimmt es nicht, Herr Huber, daß Sie dafür verantwortlich waren, daß ...?« antworten Sie also nicht: »Nein, es stimmt nicht, daß ich dafür verantwortlich war, daß ...« Statt dessen antworten Sie mit einer Bejahung: »Wenn Sie sich meine Leistungen in der Vergangenheit ins Gedächtnis zurückrufen, werden Sie feststellen, daß ...«

Antworten Sie nicht auf eine feindselige Frage mit einer Frage von Ihrer Seite. Sagen Sie anstatt »Was meinen Sie damit?« oder »Beziehen Sie sich auf ...?« lieber: »Wenn ich Sie richtig verstehe, dann wollen Sie wissen, ob ...« Formulieren Sie die Frage um, und zwar so, wie Sie sie beantworten wollen.

Wenn Sie den feindseligen Gesprächspartner zu einem Thema hinführen, das für das Publikum von höchstem Interesse ist, wird er in den seltensten Fällen auf der Beantwortung seiner feindseligen Frage bestehen.

Wie bereite ich mich auf ein feindseliges Interview vor?

Auf ein feindseliges Interview bereiten Sie sich genauso vor, wie Sie es für jede andere Situation, wo feindselige Fragen gestellt werden, tun würden, d. h. indem Sie die zehn schlimmsten Fragen aufschreiben, die Sie sich vorstellen können, und Ihre Antworten darauf vorbereiten.

Setzen Sie eine wohlwollende Miene auf und bereiten Sie Ihre Antwort vor, während der Interviewer noch dabei ist, die Frage zu stellen. Denken Sie an Ihre Schlußfolgerung, und formulieren Sie dann zwei bis drei Punkte, die Sie dorthin bringen. Nicht vergessen: eins, zwei, drei, und Schuß.

Verhalten Sie sich einem feindseligen Interviewpartner gegenüber nicht feindselig. Sonst verscherzen Sie sich die Sympathie des Publikums. Schlagen Sie sofort einen positiven Kurs ein. Fassen Sie sich bei Ihren Antworten kurz.

Als ich nach Israel ging, um Premierminister Begin auf die Friedensgespräche mit US-Präsident Carter in Camp David vorzubereiten, bat ich seine Mitarbeiter, im Rollenspiel als feindselige Gesprächspartner zu fungieren. »O nein«, sagten sie. »Sie sind nächste Woche ja wieder weg, aber wir sind dann immer noch hier.«

Mit Humor kann man Feindseligkeit oft abblitzen lassen. Darin war US-Präsident Reagan z. B. absoluter Meister. Auf eine Frage bezüglich seines Einschlafens bei Kabinettssitzungen sagte er: »Bei so vielen Krisenherden auf der ganzen Welt habe ich meine Berater beauftragt, mich unbedingt sofort zu wecken, wenn sie von irgendwelchen Unruhen hören – selbst dann, wenn ich gerade in einer Kabinettssitzung bin.«

Eine der übelsten Fallen in Medieninterviews ist die Frage mit Zeitbeschränkung. »Sagen Sie uns in zehn Sekunden, worauf Ihrer Meinung nach die gegenwärtige Wirtschaftsentwicklung hinauslaufen wird.« In dem zeitlichen Rahmen haben Sie nicht die geringste Chance, Ihrem Standpunkt gerecht zu werden. Fangen Sie also gar nicht erst damit an, wenn Sie es nicht zu Ende führen können. Auf eine letzte feindselige Frage in einem Fernsehinterview antwortete US-Präsident Bush z. B. einfach: »Nein.« Das brachte den Interviewer in Verlegenheit, weil er nach irgend etwas suchen mußte, um die letzten paar Sekunden auszufüllen.

Welche Tips können Sie in bezug auf Rundfunkinterviews geben?

Wenn der Rundfunkmoderator Larry King im Fernsehen auftritt, sitzt er am Mikrophon meist ganz in sich zusammengesackt. Seine Körperhaltung sollten Sie keinesfalls nachahmen; doch von der Art, wie er mit dem Mikrophon umgeht, können Sie etwas lernen. Er umschließt es mit seinen Händen, als ob er es umarmen wollte. Das macht er auch mit seiner Stimme; er umarmt damit den Hörer.

Im Rundfunk ist das Mikrophon Ihr Verbindungskanal zum Publikum. Mit Hilfe des Mikrophons legen Sie dem Hörer gleichsam den Arm um die Schultern. In dieser Situation können Sie nicht mehr mit Ihren anderen Signalgebern, d. h. Augen, Gesicht, äußere Erscheinung, arbeiten. Hier wird Ihre Botschaft einzig und allein durch die Klangfarbe Ihrer Stimme übermittelt. Die wichtigste Qualität, die Ihre Stimme ausstrahlen sollte, ist Freundlichkeit, als ob Sie sich mit jedem Hörer alleine unterhielten. Benutzen Sie den zwanglosen Umgangston und sprechen Sie mit viel Energie, um eine starke Verbindung zu Ihrem Hörer herzustellen.

Wenn ich im Rundfunk spreche, setze ich mich an den Tisch im Rundfunkstudio. Wenn es kein Hängemikrophon gibt, dann steht das Mikrophon meist in etwa einem halben Meter Entfernung. Die Tontechniker steuern das Mikrophon meist für die Entfernung aus. Ich finde aber, daß das Mikrophon in dieser Entfernung den Sprecher unpersönlich klingen läßt. Wenn die Sendung beginnt, ziehe ich deshalb das Mikrophon näher zu mir her und wende mich ihm ganz zu, als handele es sich um einen Menschen. Das verleiht meiner Stimme einen wärmeren Tonfall, einen Klang, der eine persönliche Verbindung zum Hörer schafft.

Sprechen Sie also mit dem Mikrophon und nicht mit dem Interviewer auf der anderen Seite des Tisches, und Sie werden den Hörer mit Ihrer Stimme umarmen.

Nicht vergessen:

- Intelligente Vorarbeit leisten
- Material vorbereiten
- Sich mit Pep kleiden
- Kameraeinstellung und Beleuchtung prüfen
- Zehn Punkte vorbereiten, die dem Zuhörer im Gedächtnis bleiben sollen
- Antworten auf zehn schwierige Fragen vorbereiten, von denen Sie hoffen, daß sie nicht gestellt werden
- Sarnoff-Mantra murmeln
- Sarnoff-Übung machen
- Wohlwollende Miene aufsetzen
- Achtung bei Rundfunkaufnahmen: sich ganz dem Mikrophon zuwenden

Podiumsdiskussionen, Konferenzen und Besprechungen: Spielend leicht gemacht

Wie organisiere ich eine erfolgreiche Podiumsdiskussion?

Bei einer Podiumsdiskussion kommt die größte Verantwortung dem Diskussionsleiter zu. Müssen Sie diese Funktion erfüllen, so beachten Sie folgende Punkte:

1. Erkundigen Sie sich mindestens drei Wochen im voraus danach, über welches Thema jeder Diskussionsteilnehmer sprechen wird.
2. Weisen Sie jeden Diskussionsteilnehmer darauf hin, wieviel Zeit ihm zur Verfügung steht. Betonen Sie, daß Sie, wenn Sie zehn Minuten sagen, wirklich auch zehn Minuten meinen – und nicht zwölf, fünfzehn oder gar zwanzig.
3. Bitten Sie jeden Teilnehmer, ein paar einführende Worte zu seiner Person abzufassen und Ihnen zuzuschicken. Das spart Ihnen Zeit.
4. Bereiten Sie für jeden Diskussionsteilnehmer Fragen vor. Legen Sie den Teilnehmern nahe, ebenfalls Fragen an die anderen vorzubereiten.
5. Bereiten Sie Ihre Schlußworte vor. Sie brauchen einen prägnanten Schluß, um die Diskussion zu einem runden Abschluß zu bringen.
6. Verschicken Sie zwei Wochen vor der Diskussion einen Rundbrief an alle Teilnehmer; schreiben Sie, daß Sie hoffen, sie hätten alle ihre Beiträge zu dem vereinbarten Thema schon vorbereitet (das hat garantiert noch

keiner) und sich dabei an den vorgegebenen zeitlichen Rahmen gehalten.
Teilen Sie ihnen mit, daß Sie sich strikt an diese Vorgaben halten werden und daß sie darauf gefaßt sein sollten, dies ebenfalls zu tun. Durch ein vorher vereinbartes Signal würden Sie jeweils zu verstehen geben, daß es Zeit sei, den Vortrag abzuschließen.

Schaffen Sie den Rahmen für ein Meeting oder eine Podiumsdiskussion in gleicher Weise, wie Sie es für einen Vortrag oder eine Produktvorführung machen würden, d. h. mit dem Ziel, die Aufmerksamkeit des Zuhörers wachzuhalten. Ein kleiner Konferenzraum, der so angeordnet ist, daß die Teilnehmer im Halbkreis oder um einen runden oder ovalen Tisch sitzen können, schafft eine wärmere Atmosphäre.

Ablauf einer Podiumsdiskussion:

- Sie, der Diskussionsleiter, sagen zur Einleitung ein paar Worte über das, was Sie sich als Ergebnis dieser Diskussion erhoffen. Achten Sie darauf, daß Sie die vorgegebene Zeit einhalten.
- Stellen Sie dann die Diskussionsteilnehmer vor.
- Nach jedem Beitrag eines Teilnehmers sagen Sie ein paar Worte, um den Übergang zum nachfolgenden Beitrag zu schaffen. Stellen Sie erst dann Fragen, wenn alle Teilnehmer ihre Beiträge vorgetragen haben.
- Während die Teilnehmer sprechen, ergänzen Sie Ihr Resümee und schreiben es nötigenfalls um, damit die Diskussionsbeiträge darin widergespiegelt werden.
- Nachdem alle Teilnehmer ihre Beiträge vorgetragen haben, versuchen Sie, die einzelnen Teilnehmer miteinander ins Gespräch zu bringen. Ermuntern Sie sie dazu, sich gegenseitig Fragen zu stellen.
- Eröffnen Sie die Diskussion für Fragen aus dem Publikum. Sie tun immer gut daran, vorher ein paar Fragen oder Kommentare mit Freunden oder Bekannten von Ihnen, die im Publikum sitzen, auszumachen, damit die

Diskussion ins Rollen kommt. Brechen Sie allzulange Fragen mit den Worten »Wenn ich Ihre Bemerkungen kurz zusammenfassen darf...« ab.

- Sorgen Sie dafür, daß die Fragen aus dem Publikum nicht alle an denselben Teilnehmer gerichtet werden.
  Als ich einmal auf einem großen Kongreß in Wien sprach und Kissinger und der frühere Texas-Gouverneur John Connally, an einer von Arnold de Borchgrave geleiteten Podiumsdiskussion teilnahmen, gingen alle Fragen aus dem Publikum an Kissinger. Die Veranstaltung wurde zu einer regelrechten Kissinger-Show Der Diskussionsleiter gab keine einzige Frage an Connally weiter. Er verschwand immer mehr von der Bildfläche. Er hätte seine Autorität beim Publikum besser behaupten können, wenn er sich mit eigenen Fragen durchgesetzt oder dem bereits Gesagten etwas hinzugefügt hätte.
- Wenn die Fragen aus dem Publikum nachzulassen scheinen, dann geben Sie Ihr vorbereitetes Resümee. Wenn Sie keinen prägnanten Schluß herausarbeiten und ihn im Verlauf der Diskussion weiter ausbauen, werden Sie die Diskussionsrunde zu keinem kraftvollen Abschluß bringen können.

Was muß ich für meine Teilnahme an Konferenzen und Besprechungen beachten?

Gehen Sie hin mit der Absicht, eine Idee oder einen Gedanken zu vertreten, der oder die bei Ihren Kollegen einen starken Eindruck hinterläßt. Informieren Sie sich vorher ganz genau, worum es bei der Besprechung in erster Linie geht. Ordnen Sie Ihre Gedanken im voraus oder notieren Sie sich Ihre Ideen mit einem schwarzen Filzstift, während ein anderer spricht.

Lassen Sie es sich anmerken, daß Sie sich gerne an der Diskussion beteiligen wollen. Machen Sie ein lebendiges Gesicht, spannen Sie die Muskeln des Energiedreiecks an, murmeln Sie das Sarnoff-Mantra, dann strahlt Ihr ganzes Sein die Botschaft aus: Ich habe etwas Wichtiges zu sagen.

Wie kann ich auf einer Besprechung Autorität ausstrahlen?

Der Generaldirektor eines sehr renommierten amerikanischen Unternehmens rief mich kürzlich an, um sich mit mir über eine vielversprechende Nachwuchskraft in seiner Firma zu beraten. Der Manager, um den es ging, war 39 und sah gut aus – strahlendes Lächeln, volle Haare, sehr gekleidet –, doch sein Auftreten bei Besprechungen stand ihm im Weg.

Als er in mein Büro hereinkam, sah ich sofort, woran es lag. Er hielt sich nicht gerade. Er sah aus, als wäre sein Gesicht mit einem Grauschleier überzogen.

Als ich ihn darauf hinwies, was er für einen Eindruck machte, erwiderte er, daß er sich auf den Besprechungen immer langweilen und deswegen abschalten würde. So sah er auch aus – abgeschaltet, weggetreten. Keine Ausstrahlung.

Mittels einer Videoaufzeichnung konnte ich ihm zeigen, wie groß der Unterschied sein kann, wenn man bei einer Besprechung gerade und aufmerksam dasitzt oder nicht. Wenn er in der ›Autoritätshaltung‹ dasaß, d. h. mit angezogenen Bauchmuskeln, auf der Tischkante ruhenden Unterarmen und ineinandergefalteten Händen, sah er aus wie jemand, der etwas zu sagen hat. Anschließend arbeiteten wir daran, daß er seinen Blick mehr nach vorne richtete und ein freundliches Gesicht machte. Er klebte einen kleinen roten Aufkleber auf seine Uhr, um ständig an diese Verhaltensweisen, die seine Ausstrahlung vergrößern, erinnert zu werden.

Begabte brillante Leute wie er meinen, ihre Leistungen würden ausreichen, um zur Spitze zu gelangen. Sie müssen erst erfahren, daß sie schneller dorthin kommen, wenn sie wie Führungspersönlichkeiten aussehen und sich auch so verhalten.

Wo sehe ich am besten hin, wenn ein anderer spricht?

Die Art, wie Sie auf Besprechungen und Podiumsdiskussionen zuhören, sagt auch etwas über Sie aus. Selbst dann, wenn Sie nicht gerade sprechen, sind Sie immer noch auf der Bühne. Um Ihre Ausstrahlung auch beim Zuhören beizubehalten, sollten Sie voller Interesse zuhören und Ihren Blick auf den Redner richten. Das nennt man ›fokussiertes Zuhören‹. Wenn er neben Ihnen sitzt und deshalb zu nahe ist, drehen Sie sich mit Ihrem ganzen Körper im Stuhl etwas mehr zu ihm hin. Drücken Sie mit Ihrer Miene Zustimmung aus; das heißt: Ich bin bei Ihnen, ich interessiere mich für das, was Sie sagen.

Bei Gruppenvorführungen ist fokussiertes Zuhören ganz besonders wichtig. Unterstützen Sie Ihren Teamkollegen mit Ihrer ganzen Aufmerksamkeit, das hilft ihm bei seinen Bemühungen. Sie tragen damit sowohl zur Autorität Ihres Partners als auch zum Gesamteindruck Ihres Teams bei.

Kürzlich nahm ich an einem Abendessen mit anschließender Podiumsdiskussion teil. Einer der Hauptsprecher plazierte sich für seinen Vortrag etwa einen Meter *hinter* dem Rednerpult. Keiner der anderen Teilnehmer auf der Tribüne wußte, wie er sich verhalten sollte. Sie wollten dem Publikum nicht den Rücken zukehren, um ihn anblicken zu können, und so starrten sie einfach mit leerem Gesichtsausdruck ins Publikum. Das lenkte schrecklich ab. In einer solchen Situation sollten Sie besser Ihren Stuhl etwas drehen und sich dem Publikum im Profil präsentieren, damit Sie den Redner ansehen können.

Was mache ich mit meinen Händen, wenn ich am Konferenztisch sitze und spreche oder zuhöre?

Vergessen Sie nie, daß es sowohl die Zuhörer sehr ablenkt, wenn Sie mit den Fingern nervös herumfuchteln, Ihre Nagelhaut zurückschieben oder mit einem Bleistift oder einer Büroklammer spielen, als auch Sie in einem schlechteren Licht dastehen läßt. Um Ihre Hände unter Kontrolle zu halten, falten Sie die Hände und legen Sie die Unterarme ungefähr zwischen dem Handgelenk und dem Ellenbogen auf die Tischkante. Automatisch sitzen Sie so gerader im Stuhl. Damit drückt Ihre ganze Körperhaltung aus: Ich weiß, wovon ich spreche.

Nicht vergessen:

- Podiumsdiskussion im voraus organisieren
- Richtlinien an Teilnehmer ausgeben
- Auf Einhaltung der vorgegebenen Sprechzeit achten
- Diskussion anregen
- Redner anschauen
- Einleitungen und Resümees im voraus vorbereiten

Gelassenheit im Umgang mit Menschen

Welche Ursachen hat Schüchternheit?

Kürzlich berichtete die *New York Times,* daß Ängstlichkeit im Umgang mit Menschen das häufigste psychische Problem überhaupt ist und, laut Studien, bis zu 40 Prozent aller Erwachsenen betrifft. Es wurde z. B. ermittelt, daß Dreiviertel aller Erwachsenen auf einem Fest mit lauter fremden Menschen Angstgefühle bekommen.

Die amerikanische Schauspielerin Ann-Margret gibt in aller Öffentlichkeit zu, daß sie schüchtern ist. Als ein Interviewer sie nach dem Grund dafür fragte, antwortete sie: »Es ist nicht einfach, einfach nur ich selbst zu sein.«

Ich persönlich glaube, daß genau dies der Grund ist, weshalb ich Schauspielerin wurde. Auf der Universität war ich z. B. so furchtbar schüchtern, daß ich plötzlich völlig blockiert war und die Antwort nicht herausbekam, wenn ich die Antwort auf die Frage eines Dozenten wußte und mich meldete, und er mich dann wirklich aufrief. Später war ich oft im gesellschaftlichen Umgang mit anderen Menschen völlig steif. Doch wenn ich auf der Bühne eine andere Person darstellte, gehörte mir die Welt. Dann spielte ich ja nicht mich selbst.

»Der günstigsten Schätzung zufolge leiden 40 Prozent aller Amerikaner an Schüchternheit«, behauptet Philip G. Zimbardo, Professor für Sozialpsychologie an der Stanford-Universität. Zu dieser Gruppe gehören viele, die oft in der Öffentlichkeit auftreten müssen, z. B. der Komiker und Filmemacher Woody Allen.

Was ist Schüchternheit?

Schüchternheit hat etwas mit Ichbezogenheit zu tun, oder, anders gesagt, es ist die Unsicherheit über sich selbst. Im Grunde ist Schüchternheit nichts anderes als die Sorge darüber, ob man von den anderen Anerkennung bekommt. Das erste Bedürfnis des Menschen ist zu überleben. Das zweite Bedürfnis ist, von den anderen anerkannt zu werden.

Für manche Menschen kann ihre Schüchternheit äußerst schmerzlich sein, weil sie im Umgang mit anderen Ängste erleben, die viele Menschen einfach nicht kennen – z. B. wenn es darum geht, einen Fremden um die genaue Uhrzeit zu bitten oder in einem Restaurant ein zu wenig durchgebratenes Steak wieder zurückzuschicken. Als kleines Mädchen ging ich einmal mit meiner Mutter in ein Konzert. Sie wollte, daß ich die Frau neben uns bitte, uns kurz ihr Programmheft auszuleihen. Ich brachte es einfach nicht fertig.

Wie kann ich es schaffen, bei gesellschaftlichen Anlässen nicht nervös zu sein?

Bereiten Sie sich darauf vor. Für jede Situation, in der Sie mit anderen kommunizieren müssen, ist Vorbereitung das A und O. Sagen wir einmal, Sie sind in zwei Wochen zu einem großen Diner eingeladen. Sie wissen, daß einer der anderen Gäste Politiker ist. Blättern Sie also Zeitungen und Zeitschriften durch, hören Sie die Nachrichtensendungen im Rundfunk und Fernsehen und spitzen Sie dabei die Ohren nach Gesprächsthemen aus dem politischen Bereich.

Stellen Sie sich vor, Sie wären der Moderator einer Talkshow. Lassen Sie sich ein paar Fragen einfallen, auf die man nicht mit ›Ja‹ oder ›Nein‹ antworten kann. »Wer ist Ihrer Meinung nach derjenige, der am meisten ...«, »Was glauben Sie, wie ...?« oder »Was halten Sie vom ...?« Lassen

Sie den Faden nicht abreißen. Mir sind gute Tischgespräche sogar lieber als guter Wein.

Was kann ich tun, um meine Schüchternheit zu überwinden?

Verschiedene Menschen gehen unterschiedlich mit ihrer Schüchternheit um. Manche haben solche Angst davor, sich lächerlich zu machen, daß sie alles tun, um Situationen aus dem Weg zu gehen, bei denen sie dem Urteil anderer Menschen ausgesetzt wären. Andere quälen sich durch die gesellschaftlichen Verpflichtungen, die ihnen solche Angst einjagen, irgendwie hindurch, doch der psychische und physische Preis, den sie dafür zahlen müssen – Atembeschwerden, Herzflattern, Händezittern –, ist sehr hoch.

Einige wenige treten dermaßen wirkungsvoll auf, daß ihre Schüchternheit von anderen nicht wahrgenommen wird. Manche greifen zu Drogen, gehen zu Psychiatern, Psychologen, ja sogar Hypnotiseuren, um ihre Nervosität und Schüchternheit in den Griff zu bekommen. Wenn alle Therapien, Beruhigungsmittel und Tricks, die die Leute zur Bekämpfung ihrer Ängste verschrieben bekommen, keinen Erfolg zeigen, dann kommen sie zu mir.

Der Generaldirektor eines großen Finanzunternehmens, ehemals bei der amerikanischen Marine und während des Studiums mit akademischen Lorbeeren überhäuft, gestand seinem Freund Jock Elliott, dem pensionierten Vorsitzenden von Ogilvy & Mather, daß er die Leichtigkeit bewundere, mit der Elliott in der Öffentlichkeit rede. »Bei der Marine gab ich sogar selbst Unterricht im Reden in der Öffentlichkeit«, erzählte er, »aber jetzt habe ich solche Angst, wenn ich vor einem Publikum sprechen soll, daß ich mich schon seit zehn Jahren davor gedrückt habe.« Seit neun Jahren machte er sogar eine Psychoanalyse und konnte es immer noch nicht. »Geh zu Dorothy Sarnoff«, empfahl ihm Jock. »Ich glaube, sie kann dir helfen.«

Er kam zu einer zweistündigen Beratung an einem Montag, und am darauffolgenden Dienstag und Mittwoch ließ er sich jeweils zwei weitere Stunden geben. Am Freitag hielt er einen Vortrag an der renommierten Universität MIT. Als er ihn beendet hatte, lief er zum Telefon, um mich anzurufen. »Warum mußte ich zehn Jahre in der Hölle zubringen, wo Sie mich in sechs Stunden kuriert haben?«

Wie behalte ich trockene Hände, wenn ich bei gesellschaftlichen Anlässen Leuten die Hand geben muß?

Neuen Kunden gebe ich immer die Hand. Mit einem Händedruck übermittelt man immer eine bestimmte Botschaft. Ein schlaffer oder feuchter Handschlag hinterläßt einen schlechten Eindruck. Machen Sie die Sarnoff-Übung, um Ihre Nervosität sicher in den Griff zu bekommen, und sagen Sie dazu das Sarnoff-Mantra: »Ich freue mich, hier zu sein, ich freue mich, daß Sie hier sind ...« Wenn Sie dann in eine Situation kommen, bei der Sie jemandem vorgestellt werden, ist Ihre Hand bestimmt trocken.

Ihr Handschlag sollte fest sein, aber dem anderen nicht gleich die Hand zerquetschen. Auf Empfängen des amerikanischen Außenministeriums mußte der frühere Außenminister George Shultz oft lange stehen und Hunderten von Menschen die Hand schütteln. Bei solchen Anlässen hatte er, um sich vor übereifrigen Händeschüttlern zu schützen, seinen Arm in einer Schlinge und die Hand so verbunden, daß nur noch zwei Finger herausschauten. Mit nur zwei Fingern berührte er sanft die Hand des Menschen vor ihm, wandte dann seine Handfläche nach oben und führte so die Hand des Gastes zum nächsten in der Schlange, damit es weiterging.

Wie schaffe ich es, am Telefon freundlich statt nervös zu wirken?

Eine Frau, die für den ehemaligen amerikanischen Vizepräsidenten Nelson Rockefeller Reden verfaßte, hatte eine Freundin, die nie ohne ihre falschen Wimpern in der Öffentlichkeit erschien. Eines Morgens rief sie bei dieser Freundin an. »Lillian«, sagte sie, »du hast deine Wimpern noch nicht angeklebt, stimmt's?« – »Woher weißt du das?« fragte Lillian. Ihre Freundin antwortete: »Ich merke es an deinem Tonfall.«

Gerade am Telefon ist der Klang der Stimme besonders wichtig. Ihre Stimme sollte persönlich klingen, egal, was Sie sagen. Spannen Sie also die Muskeln des Energiedreiecks an, murmeln Sie das Sarnoff-Mantra und vermitteln Sie Wärme durch die Art, wie Sie sprechen. Dann wirken Sie sofort wie ein Freund.

Nicht vergessen:

- Gesellschaftliche Anlässe machen mehr Spaß, wenn Sie sich darauf vorbereiten
- Zur Selbsteinstimmung das Sarnoff-Mantra murmeln

Nie wieder nervös!

In diesem Buch habe ich Ihnen meine bewährte Methode beschrieben, wie Sie Ihre Nervosität sicher in den Griff bekommen können. Es handelt sich um dieselbe Methode, die ich meinen Kunden in Seminaren und privaten Beratungsstunden beibringe.

Prägen Sie sich die zehn Schritte der Sarnoff-Methode ein:

1. Vorbereitung durch intelligente Vorarbeit
2. Möglichst viel Information bezüglich der Sprechersituation einholen
3. Material ordnen, Manuskripte selbst schreiben und redigieren
4. ›Fast-Food für die Augen‹ am Rednerpult vorbereiten
5. Sich mit dem Text vertraut machen, nicht auswendig lernen
6. Autorität ausstrahlen
7. Geeigneten Rahmen schaffen, um die Aufmerksamkeit der Zuhörer wachzuhalten
8. Selbsteinstimmung mit dem Sarnoff-Mantra
9. Herzflattern mit der Sarnoff-Übung vorbeugen
10. In jeder Situation Fassung bewahren

Sie sind nie zu jung oder zu alt, um Ihren Kommunikationsstil zu verbessern, ganz gleich, was für eine Tätigkeit Sie ausüben. Mit der Sarnoff-Methode sind alle Ängste, alle Zweifel wie weggeblasen. Sie haben die Gewißheit, daß Sie auf andere nicht lächerlich wirken. Sie werden in jeder Kommunikationssituation, ob im Beruf, im gesellschaftlichen Umgang mit Menschen oder im Familienleben, Selbstbewußtsein und Autorität ausstrahlen. (Auch innerhalb der Familie kommt man ohne Kommunikationsfähigkeiten nicht aus.)

Diese Maßnahmen zur Bekämpfung der Nervosität können Sie z. B. anwenden, wenn es darum geht, Ihren Vorgesetzten um eine Gehaltserhöhung zu bitten, mit einer Familienkrise fertigzuwerden, sich wohlzufühlen im Umgang mit anderen Menschen bei gesellschaftlichen Anlässen oder im Berufsleben, für ein politisches Amt zu kandidieren, oder wenn Sie es mit einem feindseligen Gesprächspartner zu tun haben.

Die Sarnoff-Methode schafft alles Negative aus dem Weg und bestärkt das Positive. Sie schützt Sie vor negativen Gefühlen, so daß Ihr Geist und Ihr Handeln unter positivem Einfluß bleiben. Und die Nervosität ist weg.

Die Sarnoff-Methode kann Ihr Leben verändern

»Dorothy Sarnoff ist eine Zauberkünstlerin«, behauptet eine Antiquarin, Expertin auf ihrem Gebiet und seit der Erlernung der Sarnoff-Methode ein gefragte Sprecherin bei einschlägigen Veranstaltungen in aller Welt.

Ihrem Sohn schenkte sie zum Abitur die Teilnahme an einem meiner Seminare. Inzwischen verbringt er ein Auslandsjahr in Oxford und ist dort – für einen Amerikaner unerhört – Anführer der Debattiermannschaft. »Ich wurde wegen meines souveränen Vortragsstils dafür ausgewählt«, schreibt er.

»Wie Sie anhand des obigen Briefkopfes erkennen können«, schreibt John R. McKernan Jr., Gouverneur des US-Bundesstaates Maine, »war mein Kampf um den Gouverneursposten im letzten Herbst von Erfolg gekrönt. Es versteht sich von selbst, daß die Sarnoff-Methode mein Selbstvertrauen im Wahlkampf erhöhte und mir die Möglichkeit gab, beim Auftreten in der Öffentlichkeit natürlich zu bleiben.«

»Gestern mußte ich mich einer Feuerprobe in Form meiner Jungfernrede im Oberhaus des englisches Parlaments stellen«, schreibt Lord Derwent, einst Robin Johnstone der Firma N. M. Rothschild und Söhne in London. »Dank der Sarnoff-Methode bestand ich sie mit fliegenden Fahnen.«

»Manch ein König oder Präsident hätte für die in der Sarnoff-Methode enthaltene Weisheit ein Vermögen gezahlt«, schreibt eine Führungskraft eines großen Unternehmens. »Mich hat sie dazu ermutigt, aufrichtig zu sprechen und meine Zuhörer in ihrer Seele anzusprechen.«

»Wie sehr doch die Sarnoff-Methode unser Leben verändert hat«, schreibt der US-Botschafter in Ägypten. »Ohne sie hätte ich das letzte Jahrzehnt gar nicht überleben können. Seit ich dank Ihrer Hilfe gelernt habe, wie ich meine Nervosität sicher in den Griff bekomme, fühle ich mich nie vor einem Publikum, vor der Kamera oder bei irgendeiner öffentlichen Veranstaltung in Verlegenheit oder unsicher. Außer der reinen Technik lernte ich dadurch auch Stil, Selbstvertrauen und Anmut.«

Auch Sie tragen in sich die Fähigkeit, in jeder Kommunikationssituation ein kraftvoller, überzeugender, selbstbewußter Sprecher zu werden. Machen Sie sich die in diesem Buch dargestellten, einfachen Grundregeln zu eigen, und Sie werden sehen: Sie sind *nie wieder nervös!*